# 做一名思考的教育行者

罗小平／著



广东高等教育出版社
Guangdong Higher Education Press
·广州·

**图书在版编目（CIP）数据**

做一名思考的教育行者．罗小平著．—广州：广东高等教育出版社，2020.9

ISBN 978－7－5361－6532－8

Ⅰ．①做… Ⅱ．①罗… Ⅲ．①小学教育－文集 Ⅳ．①G62－53

中国版本图书馆CIP数据核字（2019）第150787号

ZUO YIMING SIKAO DE JIAOYU XINGZHE

| | |
|---|---|
| 出版发行 | 广东高等教育出版社<br>地址：广州市天河区林和西横路<br>邮政编码：510500 电话：（020）87554152<br>http://www.gdgjs.com.cn |
| 印　　刷 | 广州市穗彩印务有限公司 |
| 开　　本 | 787毫米×1 092毫米 1/16 |
| 印　　张 | 10.75 |
| 字　　数 | 200千 |
| 版　　次 | 2020年9月第1版 |
| 印　　次 | 2020年9月第1次印刷 |
| 定　　价 | 29.00元 |

# 思考着的实践者与实践着的思考者（代序）

闫德明[1]

认识罗小平老师，是在广州市卓越校长培训班上，她是第五期学员。这一期培训班分为若干小组进行案例研究，她被分在“规划学校发展”小组，而我是这个小组的辅导老师。

整个培训分为理论研读、跟岗学习和提交作业这几个环节。每个学员的每一次作业我都认真看过，对其既提出总体性的修改建议，也提出个别性的修改要求。罗小平老师是学习非常认真的一位学员：每一次的作业她都认真对待并及时提交，不仅文笔清新流畅，评析有理有据，而且文档排版美观，字体、字号、行间距、案例引用等细节都处理得很好。其中东莞市松山湖中心小学的案例写了8 000 多字，还规范地列出了10 篇参考文献，这让我印象十分深刻。

她在一所小学任党支部书记，负责学校特色申报工作和一些课题研究事项。我受邀做过一些指导，在多次邮件往来、电话交流和文稿修改的过程中，我感受到了她爱岗敬业、严谨细致、谦虚好学的工作态度和学习精神。

近两年，她成功申报了2017 年度广州市教育科学规划课题“基于核心素养的小学学科案例教学研究”和2018 年度广东省教育科学“十三五”规划课题“案例教学促进小学生核心素养发展的实践研究——以小学语数英课堂教学为例”。在课题研究过程中，她不仅开设了“教育人人通”的微信订阅号，组织志同道合的教师一起研讨，还多次到广州市、清远市等地的学校

---

① 闫德明，广东第二师范学院教授，博士，广东教育学会学校特色研究专业委员会理事长。

开展活动，使课题深入人心，影响深远。作为课题指导教师，我希望课题组成员不仅要总结好实践经验，还要认真学习理论，使得课题研究有一定的深度和广度。她买了十几本书，在“中国知网”下载了几十篇硕士论文和期刊论文，认真研读，颇有心得。2018 年 4 月初，她写了一篇关于“小学案例教学”方面的论文发给我，我觉得很不错，提出了一些建议，经过几次修改后投稿，得到了国内某知名核心期刊的充分肯定，这对于一个小学教师来说是很不容易的。

前不久，她把本书的初稿发给我，我认真看了。在字里行间，我读到了她对教育的真情流露和爱的奉献，体悟到了父母都是校长和乡村教师的家庭熏陶，看到了 30 年前湖南娄底一名满怀憧憬的中师生成长为广州市骨干教师和卓越校长培养对象的付出和收获。

她是一位思考着的实践者，也是一位实践着的思考者。且行且思，书名《做一名思考的教育行者》，是她教育生涯真实的写照，很值得一读。

是为序！

# 自 序

## 成长，在行与思中生发

人的成长与竹子的成长大致相当。竹子的成长有着明显的一圈一圈的节点，那是它们生命向上伸展的印记，记录着一次挣扎、一次铭刻、一次成长、一次阵痛。而人的成长，同样有着一圈一圈的节点，便是那些影响自己生命成长乃至人生方向的事或人，比如求职，比如升学，比如爱情，比如恩师……

大约从 1983 年开始，为了缓解农村小学师资严重不足的压力，国家在全国范围内，实行从初中毕业生中招收学生就读中等师范学校、学生毕业后到城乡小学任教的政策。这一政策执行至 1999 年。首批初中毕业后上中等师范学校的学生在 1986 年毕业。

30 年前，我积极响应党的号召，于 1984 年初中毕业后考上了湖南省娄底师范学校，1987 年毕业，成为第二批初中毕业后上中等师范学校的学生。毕业后，大多数人回到了家乡的中小学校当教师，而我当时因成绩名列前茅，被评为优秀毕业生，拿到了非常珍稀的省属指标，被分配到了三线兵工厂子弟学校，后应聘调入广州市海珠区公办小学任教，一直战斗在基础教育行列，争当一名光荣的小学教师，心甘情愿成为垫在金字塔最底层的铺路石。

走上工作岗位的第一年，我 17 岁，风华正茂。如今，芳华已逝，青春不再，但我问心无愧，因为没有忘记当初的誓言：忠于人民的教育事业。回想 30 年的教育生涯，感慨万千，有困惑、有委屈，成长路上，有感动、有欣喜。我从一名满怀憧憬的中师生，成长为校长、书记、广州市卓越校长培养对象、广东省首届全国中小学党组书记网络培训示范班（1）班学员；从一名普通的教师，到获得广州市“优秀教师”“广州市中小学骨干教师”“德育高级教师”等称号。我的成长道路并不平坦，但我凭着对教育事业的执着追求和对每一位教育对象的尽心尽责，依靠日积月累的学习和锲而不舍的求学态度，在本职岗位上面向未来，迎接挑战，不断创新。

## 爱心在家庭氛围中孕育

“只有学校教育而无家庭教育，或只有家庭教育而无学校教育，都不能完成培养人这一极其细致、复杂的任务。最完备的教育是学校与家庭的结合。”苏霍姆林斯基的话朴素而富有哲理。家庭氛围对于一个人的成长而言，其作用几乎是决定性的。我是幸运的，因为我出生于一个知书达礼、充满温馨与爱的教师家庭。

我的父亲早年毕业于衡山一中，因家庭贫困，毕业后就参加工作，当了一名乡村教师，没多久便因工作出色被提拔做了校长，再后来又被上级部门调到县教育局工作。我的母亲毕业于双峰县五中，后来去教师进修学校进修中师，也成了一名乡村教师，因教学成绩突出，被评为地区先进教师，30岁那年就当上了当地中心学校的校长。

父亲会拉二胡、吹笛子，吹拉弹唱样样精通，多才多艺，文质彬彬。母亲则是温柔贤惠，能歌善舞，不但工作出色，家里也操持得井井有条。“文化大革命”那段时间，父母按上级指示，在当地文工团参加各种演出，下乡到各村去做宣传工作。我和哥哥、弟弟受父母影响，都至少会一门乐器，喜欢唱唱跳跳。父母长期奋斗在教育战线，因整天忙于工作，把哥哥寄养在外婆家。外公是祖传老中医，医术名扬当地。受外公的影响，我们都略懂一点医术。那时弟弟很小，放在二伯家，由爷爷和二伯母带着。父亲在教育局工作，住在县城。我就跟着父母住在曾国藩故里荷叶镇的一所学校。母亲的办公室和卧室是连通的，到处摆满了书，我随时都可以拿起书来读。我的童年就是在学校里长大的，整天感受着非常和谐的校园气息，亲身体会学校的老师们像大哥哥大姐姐一样关怀、呵护着我。大家都把我当成宝贝，我童年感受的是无处不在的爱与幸福。

班主任杨桂华老师就像我的亲姐姐一样，看到我的母亲因工作外出办事、开会、家访等，经常很晚回家，几乎很少有时间管我，怕我害怕，她就背着我去她家里过夜。父亲每周从县城回来一趟，会给我们带好吃的，买新衣服、新鞋子，除了到学校饭堂打饭，还帮我们做菜，煲一锅海带猪骨汤。学校的老师都特别喜欢到我家来吃饭，和我们一起喝海带骨头汤，就像一家人一样。我们一起晨跑，一起早读，一起打乒乓球，一起跳绳踢毽子。我有时还帮老师改改作业，老师也帮我扎辫子，教我跳蒙古舞，其乐融融。而我的父母特别爱帮助家庭经济困难的学生，经常给家境不好的学生交学费、送衣服，鼓励他们好好读书。父母亲还非常关心学校的老师，帮年轻老师介绍对象，发现老师有思想负担就去找他们谈心，帮助老师们解决困惑。

母亲一直在学校当校长，桃李满天下。她帮助过、精心培养过的学生，有的考上北京大学、清华大学，有的上了中国人民大学、北京师范大学。每到春节，父母亲教过的学生就会结伴来看望他们，有院士，有翻译官，有老板……记得有一个女生，考上研究生，因家里困难没钱去读，来到我家向母亲倾诉，母亲当即从家里拿钱给这位女生，鼓励她一定要好好读书。女生学的是同声传译，后来分配到了国务院工作，她一直很感恩我的母亲。

父母对学生们的无私关怀，父母多年以来相敬如宾的相互扶持，就如同润物无声的春雨，滋润着我幼时的心灵开满爱与善的鲜花。我对校园、对学生那种发自内心的喜欢与爱，早在那时便已经深深种在了心里。

## 智慧在同事、领导和师长的守望相助中生成

17 岁那年，我从娄底师范学校毕业，分配到兵器工业部 343 厂子弟学校工作。17 岁，一个爱做梦的年龄，一个孩子便要去带领一群孩子。虽然对于未知的前途和工作有些紧张，但我心里更多的是对未来的期待与兴奋。

记得报到那天，我穿着一袭雪白的海军衫长裙走进了子弟学校，既茫然，不知找谁报到，又兴奋，在校园里游荡，摸摸校道两边的法国梧桐，打量小花园中央那棵高大的宝塔似的雪松，呼吸着校园清新的空气，陶醉在教室里传来的琅琅读书声里，心想：这就是我将要工作的地方啊。正当我沉浸在校园的美好中时，不巧被巡视的值班老师逮住，以为我是逃课的高中学生，督促我赶快回教室上课，不然就带我去见校长。就这样我被带到校长那里报到了。

刘晓云校长是一位美丽而又和善的中年知识女性，我初见她便颇有好感。刘校长非常热情，把我带到她家里煮红烧鱼给我吃，还教我煮鱼的方法：煮到鱼眼睛鼓出来，鱼就熟了。

在子弟学校我还遇到一位妈妈式的同事张洪君。张老师是重庆人，她的爱人是厂里的一位高级工程师。我被安排到小学部一年级教语文，担任班主

任，和张老师同级，张老师是级长。张老师把我带到班里和新生见面，我看到那45个孩子在教室里跑着、跳着，喊的喊，叫的叫，看到老师来了，一窝蜂围过来，拉手的拉手，扯衣服的扯衣服，嘴里不停叫着“老师好，老师好”，像一群叽叽喳喳的小鸟，好不热闹。我不停地叫孩子们回座位坐好，准备上课，可没人听我的，我无计可施。幸好张老师出面，只见她数了三下，说了一句简短的话：“回座位！”孩子们便一个个好像被施了魔法似的，全部乖乖地回到座位上，安静地坐好。当时我对张老师简直佩服得五体投地。

我的第一节课更是令我终生难忘。记得当时我在讲课，一个脸蛋圆圆的、红扑扑、胖乎乎的男孩张迪突然站起来，脱口而出：“妈妈，他扔纸团。”孩子们顿时哄堂大笑，笑得东倒西歪，没法上课。被告的孩子还耍赖，不承认。其他人见我根本掌控不了局面，更是当我不存在，一个个都趁机讲话，我的第一节课就这样在闹哄哄中结束了。但张迪的那一声“妈妈”却一直深深地印在我的脑海里。那稚嫩的声音、天真的话语、纯净的心灵呼唤表达了孩子对老师的信任和爱。这种信任和爱让我在后来的整个教书生涯中都不敢怠慢，我一直把学生当作自己的孩子来爱护。

我走上教坛的第一天，遇到过孩子在课堂上尿湿裤子的，忘记带笔带书的，喊肚子疼的，哭着闹着要回家见妈妈的，玩玩具的，不写作业的，各种状况都有，加上工厂子弟又特别调皮，课堂上闹哄哄的，我根本管不住。到了第三天，我实在忍不住了，哭着跑到工厂劳动人事处，冲着处长说：“我不想当老师了，我要走。”劳动人事处领导冲我笑笑，说：“你现在是我们厂的老师，不能走了。”又把我送回学校。张老师总是慈祥、温和地对我说：“不急，慢慢来，刚参加工作是这样的。”第一周基本上都是张老师在帮我维持班级纪律，手把手教我班级管理之道。在后来的班级管理中，我一直沿用张老师的管理方法，从细节处入手，培养孩子良好的生活和学习习惯，用爱心滋润孩子的心灵。

20世纪90年代初期，改革开放的春风吹拂着祖国大地，“南下”成为许多年轻人的选择。看到一同分配去厂里的大学生一个一个南下北上，我也心痒痒的。1995年的夏天，我的儿子还差两个月满周岁，还没断奶。我到广州找工作，听人说我住的附近有学校，想当老师要去镇文教办应聘。于是我写了一份自我介绍，交到广州市海珠区当时的新滘镇文教办，没想到很快就接到了文教办一位自称吴老师的人的电话，通知我去客村小学试教。没过多久，又接到吴老师的电话，通知我到客村小学报到，办理正式调入手续。一切都那么突然，一切都那么顺利。后来我才知道，吴老师原来是新滘镇文教办的主任吴炳坚。我当时的感激之情无法言喻。我不知多少次在心里说：广州的领导干部真好！

到了客村小学，我又遇到了好校长许玉华。她为了提升我的课堂教学能力，一次又一次地安排我上公开课、实验课、接待课、参赛课。她还经常和行政、科组的老师一起为我听课、评课，请市、区教研室的专家来指导。几年下来，五、六年级语文教材的大部分课文我都上过公开课。这种不断的打磨和强化训练，为我后来的教学打下了扎实的基本功。许校长不仅在教学上打磨我，而且重视培养我的管理能力。她特意把我抽出来，在广州刚刚兴起用电脑的时候，就公派我去培训机构参加信息技术培训，接着安排我去跟区督导员学档案管理，回校后专职负责学校档案管理和档案室的建立工作。我通过向专家学习，参加档案管理员培训，看档案管理方面的书籍，花了一年的时间，硬是一步一步地把学校档案室按省级标准建立起来了，学校档案室也顺利地通过了省一级档案室的评估。一年的档案工作非常辛苦，但却让我对学校党群、行政、教学、教师业务、学生学籍、设备、基建、会计账簿、照片、文件等各方面的工作都了解得清清楚楚，而且具备了全局观念，为后来从事学校管理打下了坚实的基础。

在我参加广州市卓越校长培养对象广东第二师范学院跟岗时，遇到了后来对我帮助很大的导师闫德明教授。他是广东第二师范学院这个培训项目的首席专家。那时我被派到了规划学校发展组，他是规划组的导师，教我们做学校发展规划。记得12年前在中山大学梁銶琚楼听过他的讲座，他幽默风趣、充满智慧的发言赢得了全场阵阵掌声。他慢条斯里地讲话，逻辑严密，知识渊博。他带来的新的教育理念，就像一股清新的风，既令人敬佩，又让人感觉如沐春风。

闫教授对我的要求非常严格。记得我第一次把自认为文采飞扬的东莞一所小学规划案例研究报告交给他时，他瞟了一眼，放到了一边。我得意扬扬地到台上进行汇报，把那所小学的规划案吹得天花乱坠。他冲着我严肃地说："我没要你唱赞歌，要把实情写出来。要透过现象看本质。写这些东西有什么用。不好好学，你就不要来我们组。"我顿时被闫教授这当头一棒给"打"蒙了，也是从这一次开始，我深切地感受到研究必须要有科学的态度。后来，我每写一篇跟岗心得都不敢有任何松懈，而闫教授也都会对我们提交的心得报告仔细批改，认真提意见。正是在他的强化训练下，我真正弄明白了如何做学校发展规划。跟岗结束后，闫教授依然指导我做学校校本课程设计，手把手教我如何培养研究型的教师队伍，如何提炼学校文化，打造学校特色。哪怕是一些细节他也绝不含糊，比如课题的一个概念界定、撰写文章的格式、脱稿演讲、专著的质量、回答课题成员提问等，他都会及时地指出我存在的问题。在他身上，我看到了超凡的恒心和毅力，一丝不苟、严谨治学的工作作风，真诚率直的个性，严于律己、善待别人的交往态度。能得到这样一位德高望重的智者、教育专家的指导，是我人生一大幸事，也大大提高了我的管理水平。

一路走来，领导、同事、导师的守望相助，让我不断地成长，由懵懵懂懂到不断地生成个性的教育智慧，渐渐地成熟起来。

## 提升在孜孜以求的追求中实现

充满爱与书卷气的家庭氛围以及自小所处的和谐校园环境孕育了我对教育、对学校、对学生的热爱之情，从教路上领导、师长、同事的提携和帮助让我对教育教学有了更多的感悟与理解。而在兼具了一名师者应有的爱心与智慧之后，在追求教育理想的路上不断地行走，不断地思考，不断地实践，春种夏耘，秋收冬藏，不断地用新的问题煎熬自己，又不断地在嬗变中收获新的高度与感动，便成为我的人生常态。

不断增加理论储备。莎士比亚说："书籍是全世界的营养品，生活里没有书籍就好像没有阳光；智慧里没有书籍就好像鸟儿没有翅膀。"随着时代的变迁、社会的发展，作为一名教师，我深感压力巨大。近年来，我阅读了许多新出版的教育教学理论书籍、报纸、杂志，不断地从中汲取营养，并将书本知识、新媒体技术运用到教育教学工作中，提高自己的专业知识和教学技能。宋代杨时在《二程粹言·论学》中提出："学不博者，不能守约；志不笃者，不能力行。"作为一名学校管理人员，在管理理论的学习上，我也丝毫不敢懈怠，相继参加了广州市第五期卓越小学校长培训班、重庆特色学校建设培训、穗台校长论坛、北京科学发展观理论与实践学习等。通过多种形式的学习和培训，我在教育理念、教育视野、文化底蕴、管理水平、教育教学领导力等方面都得到较大拓展和提升。国内顶尖教育大师的精彩讲座，为我作为校长如何进行科学管理、提高管理的效益，增加了理论储备。

适应新时代转变教育观念。教育要改革创新，首先要转变教育观念。作为一名好教师，首先对教育事业要有充分的认识，要了解世界、了解社会、了解国家的大政方针。其次，要把立德树人作为教育的根本任务，要认真贯彻《国家中长期教育改革和发展规划纲要（2010—2020 年）》，坚持德育为先、能力为重、全面发展与个性发展的统一。要把社会主义核心价值观贯穿教育全过程。教育是科学，其价值在于求真。教育是艺术，其生命在于创新。另外，要改革人才培养模式，由以教师传授知识的教转变为学生自主学习的学，培养师生终身学习的良好习惯。

与时俱进改革课堂教学。当今社会已迈入信息化时代，互联网、物联网、大数据等高科技已进入人们的生活，电子白板、录播系统、增强现实、物联网、iPad 等高科技产品进入课堂。近十年来，课堂教学改革也风起云涌，比如微课、有效课堂、高效课堂、卓越课堂、翻转课堂，又比如教案导学、学案导学、导学案、问题导学。即便如此，当前社会上都在热议钱学森之问："为什么我们的学校总是培养不出杰出人才？"顾明远先生说，虽然这不完全是教育的问题，但是教育确实担负着重要的责任。主要表现在教育观念陈旧、教学模式的僵化、教学方法的落后、教育评价的片面。

人才的优劣与培养模式的改革，关键在于课堂。如果教师还用农业时代的教学模式来教信息时代的新一代学生，势必行不通，但是与 20 年前或更早以前相比，教师的教学策略到底发生了多大程度的变化，令人质疑。广东省各级教育主管部门非常清楚当前的教学状况，也在大力组织开展课堂教学改革。在这种形势下，要求校长和教师，不管是教学型，还是变革型、学者型、智慧型，作为一名好校长、好教师，不仅要有工作思维，还要有研究思维，潜心钻研，改革课堂教学，提高教学效果。

## 三十而立再出发

古人云："三十而立。""而立"意味着成熟，必须独立地思考与面对种种问题；"而立"意味着坚强，有足够的韧性去承受人生的风雨；"而立"意味着担当，在做好自己的角色的同时，尽可能地引领团队、传递正能量。

30 年，对我而言，是我师者路上一个重要的节点。从教 30 年，一路走来，有过鲜花与掌声，也有过荆棘与泥泞；有过成功与收获，也有过失败与泪水。30 年，一路前行，变化的是生活，老去的是时光，不断更迭的是我对教育的理解与表述，而毫不褪色、光亮如新的是对我理想教育的向往和对教育理想的追求。

穿过在从教路上守望了 30 年的岁月，光与影交替间，既有洞穿世事的练达，也有仰望星空的期待。站在 30 年后的今天，回望我作为一名师者的来路，总觉得有必要进行一次细细的盘点。总结过去的经验，是为了寻找隐藏其中的规律；梳理历史的脉络，是为了明天更好地前行。

为了心中教育的理想和理想的教育，30 年后再出发。

是为序。

# 目　录

# 第一部分

## 教师：学校发展的关键力量

教师，是教育体系的“神经末梢”，海量，敏感，个性丰富。正是这海量的“神经末梢”决定着中国教育改革的走向。校以人兴，教以人立。一所好学校需要有智者的引领，才能找到切合自身实际的、具有一定前瞻性的、科学的发展方向。一所好学校也需要一批作为学校骨干的勇者，他们既要对学校改革的理念有着清晰的认识与把握，又要对如何落实执行有着明晰的思路与方向，才能披坚执锐、勇猛向前。一所好学校还需要一大批有热情、肯奉献、能创新、敢担当的普通教师。他们是学校改革最根本的力量，是真正的教育行者。他们高擎理想的大旗，践行师者的诺言，散发着人文精神的魅力。智者、勇者、行者，是整体上构成一所学校追求教育理想的三种力量，也是一种教育理念实现建构、实践、反思、提升、发展的必不可少的三个基本参与群体。

在逐渐收获自我专业成长的同时，教师还应该追求职业的幸福感，不仅善教，而且乐教——乐于教育，也乐在教育。只有在良好的职业心态下获得幸福的职业体验，激发内源性的成长动力，教师才能不断超越自我，不断成长。

作为个体的教师，自然会从自我的特质与条件出发来解读和践行学校的办学理念，也会根据个人的性格喜好与兴趣特长来规划自身的专业发展。而这些，在大多数教师身上体现出来的都是非理性的，甚至是盲目与盲从的，其发展与提升的效果往往不尽如人意。作为学校，或是作为校长，既要尊重教师的个性，又应该在学校办学理念的宏观叙事之下，用共性来引导个性，用个性来丰富共性，从而引领教师群体在灵慧的生成中幸福提升。

# 思考：厚学养德与新时期师德建设的研究

## 一、问题提出的背景与价值

### （一）背景

自古以来，赞美教师的诗句有许多，如“丝尽春犹在，烛化意更稠。板上种桃李，硕果满神州”等。教师是光荣的、伟大的职业，是崇高的、神圣的职业。长期以来，教师队伍肩负着传播文明、塑造人类灵魂的神圣使命，培养了一代又一代的人才。广大教师教书育人，默默地耕耘奉献，他们的劳动创造得到了全社会的尊重。

近几年来，通过多种形式的培养、培训工作，教师学历合格率大幅度上升，教师学科专业素养有所提高，基本能够满足教学工作需要。但随着经济社会的不断发展，人们的价值观与人生观也在悄然发生变化，这其中也不乏一部分教育工作者在思想与社会发展同步变化时，产生了或大或小的转变。尤其有一部分教育工作者，政治信仰崩塌，价值观扭曲，严重损害了人民教师的形象。因此，面对林林总总的情况，我们亟须加强师德师风建设。

在市场经济环境和开放的社会条件下，师德建设的任务非常紧迫。胡锦涛同志指出，广大教师要为人师表，注重师德修养，以高尚的情操教书育人，注重素质教育和德育工作，充分发挥其在未成年人思想道德建设中的作用。《中共中央国务院关于进一步加强和改进未成年人思想道德建设的若干意见》强调要“切实加强教师职业道德建设”，要求教师“树立育人为本的思想”，“热爱学生，言传身教，为人师表，教书育人，以高尚的情操引导学生德、智、体、美、劳全面发展”。党的十六大报告要求加强教师队伍建设，提高教师的师德和业务水平。

古人云：“厚学养德。”提高教师的师德和业务水平最重要的一条途径就是读书。厚学养德，就是要加强学习，养成阅读和反思的习惯，在工作实践中实现为师者的崇高。人类几千年的教育历史中，创造和积累了许多宝贵的教育思想财富。保存这些财富的载体主要就是教育经典著作。阅读经典，与过去的教育家对话，是教师成长的基本条件，也是教师教育思想形成与发展的基础。如果一个教师热爱读书，那么他会在阅读中形成丰富的思想，建立一个丰满的精神世界，拥有充实而宁静的内心。教师教书，首先是“传道”，而要达此目标，教师必须“行为世范”，以自己勤读书、爱思考的行动去影响和感染学生。

广州市劬劳小学根据实际情况提出了“‘以读聚德’德育模式校本行动研究”这一总课题。借此契机，学校党支部根据当前形势及自古以来倡导的“厚学养德”思想，提出了“厚学养德与新时期师德建设的研究”的研究子课题，建设师德师风。

### （二）价值

“民族振兴，教育是根本；教育发展，教师是关键；教师素质，师德最重要。”师德即教师的职业道德，是指教师在教育教学活动中应遵循的调整教师与学生、教师与教师之间关系的比较稳定的行为规范和应具备的道德品质。作为教师素质的核心部分的师德，对学校教育教学工作的健康和稳步发展起着促进作用，对青少年的健康成长起着奠基作用。师德水平的高低将影响着国家的未来，影响着社会风气和社会主义精神文明建设。本课题的研究，旨在创新师德教育的观念、制度、方法、手段，使得学校教师的师德水平不断提高，全面推进素质教育，全面提高教育质量。

## 二、师德水平不高的原因

师德作为一种特殊的职业道德，一直以来备受社会的关注。在社会转型和市场经济环境下，社会对其在道德意识水平和道德行为规范上有更高、更严格的期望和要求。但就目前的师德现状来看，造成师德水平不够高的原因是多方面的。比如，经济利益动摇了教师的职业原则，有的家长为了给孩子争取更好的教育资源，对教师进行经济上的“奖励”。伴随着社会不良风气的影响，教师的职业声望不断降低。一些学校只是片面地把升学率当成评价教师成绩的唯一指标，道德建设滞后，教学管理松懈。有些教师为了提升自身的地位和职称，利用教学时间谋取个人私利。此外，激烈的竞争、生活的重压，使教师出现了不同程度的心理健康问题，直接影响了师德建设。

## 三、提倡“厚学养德”的方略

阅读能够陶冶情操，提高人的思想境界与精神追求。“以读聚德”的德育模式已经在促进学生品行发展中取得明显效果。学校随后将这种德育模式运用到师德建设中，以“厚学养德”的方法来提升教师的师德水平，让他们对自身的职业素质与为师之德进行全新的审视，在思想上受到优秀品质的熏陶，从而提高师德水平。

### （一）确定目标，探讨对策

1. 围绕课题，明确培养目标

通过阅读的方式提升教师的师德水平，就要明确培养目标，然后根据目标循序渐进地培养教师的师德。学校在“以阅读提升教师师德水平的实践探索”总课题下，分设“阅读故事，培养教师的良好道德情感”“读写一体，提高教师的阅读水平”“将阅读内容带入实际生活，读以致用”三个子课题，分别在不同阶段，针对不同目标，为教师制定不同的阅读任务，开展阅读活动，同时根据不同子课题的目标要求展开，循环往复，螺旋上升，让全体教师在阅读中受到高尚情操的熏陶，潜移默化，形成良好的师德。

2. 阅读经典，塑造良好师德

教师在精通自身所从事科目的教学基础上，要积极阅读课外读物，特别是经典名著中关于师德教育方面的内容。他们通过阅读这些名作，可以重塑优良品格，扭转扭曲的价值取向，深化对师德的认识。具体有以下几种方法。

首先，指定相关书目，确保阅读时间。拥有明确的阅读书目是保证阅读效果的基础。学校在课堂教学之外专门组织教师集体阅读活动，指定教师学习关于提高思想道德修养的经典名著。如组织教师阅读中国古典名作《论语》《孟子》等，因为这些著作中含有大量的关于思想境界与为师之道的内容。要求教师在学习过程中，要制订阅读学习计划，并在每次学习活动结束后，对当天的学习内容做出总结。

其次，提供展示空间。为了确保教师阅读的积极性以及阅读水平与能力不断提高，学校通过开展读书比赛、读书沙龙、朗读与诵读报告等活动，让教师展示自身的阅读学习体会，调动教师阅读学习的积极性，从而达到对全校教师的总动员。例如，在教师节前夕举办以“以读聚德，师德至上”为主题的教师艺术节，教师通过从阅读中获得的经验来表达自己对为师之道的见解和体会，活动形式多样。如有的教师把《论语》等经典名作中的儒学思想以歌舞、小品或者课本剧的形式表演出来，有的教师将为师之道编制成诗歌进行朗诵，等等。

再次，积极创造阅读式的校园环境。一个良好的阅读环境对提高教师阅读的兴趣具有促进作用。学校精心布置校园环境，营造以经典阅读为主体的书香气氛。例如，在教室墙壁上挂世界名人经典语录，在走廊上挂英国作家培根关于书籍评价的名言等；教师与学生一起设计板报，将在阅读中汲取的精华呈现出来，实现全校师生的和谐共享。书香校园环境的营造也是对教师师德的积极熏陶，让全校师生无论走到校园的哪个角落，都会受到“育人为本，德育优先”的良好文化氛围的影响。

最后，要求教师做好读书笔记。常言道：“不懂笔墨不读书。”要想在读书中有更深刻的体会，就必须做好读书笔记。学校要求教师一边阅读，一边做好读书笔记。读书笔记可以有多种形式，包括读书日记、学习心得、总结报告等。经过一段时间的实施，教师们对师德有了全新的认识，对于如何提高自身的教学水平与形成良好的师德有了新的把握。

### （二）将课题研究与教师成长融为一体

为了确保课题研究的有效开展，学校对研究成果进行总结，对于教师阅读成绩的评定不仅注重结果，还注重过程，不仅关注表面成绩，还关注其隐形成长。在这一过程中，教师主动参与，积极配合，善于总结成功的经验和失败的教训，培养善于探究的好习惯，不断加强自身的探究水平。学校定期组织教师召开学术讨论会，教师之间针对师德学习展开交流讨论，分析彼此的学习体会，在阐述自身观点时采取了多种形式，例如做报告、运用幻灯片等。

### （三）读书活动喜结成果，书香溢满校园

经过一段时间的“以读聚德”德育模式的深入实践探索，全体教职员工深深体会到读书的力量。阅读可以启迪智慧，净化心灵。通过阅读活动，教师的思想意识和价值观等方面都有所改善，教师的道德修养大大提高，全校教师面貌焕然一新，形成了融洽的师生关系，以及良好的学习氛围。教师与学生融为一体，成了好朋友，有效地促进了各项工作积极高效地开展，课堂

教学更加有声有色。

教师在经过阅读学习提高自身的道德修养后，更重要的是将高尚的师德体现在日常生活中。可以从以下几方面进行落实：

首先，开展爱生教育活动，用一颗真心关爱每一名学生。教师们对学生一视同仁，关心每一名学生的成长，尊重学生，爱护学生，拿出一颗真心，不仅在学习上对学生耐心进行指导，在生活上也对学生加以关心。例如，有的学生生病了，影响了学习进度，教师们主动热情地问候学生，对学生单独辅导，不抛弃、不放弃每一名学生。

其次，廉洁从教，树立良好的师表形象。教师们要时刻铭记自身的职责，树立教书育人的职责倾向，平时注意衣着打扮要端庄，严格规范自身的言语行为，以师者的良好姿态为学生树立模范形象。

再次，增强危机意识，强化职业责任感。教师们要时刻树立工作危机意识，不断提升自身的能力和水平，紧跟时代步伐，善于了解不同时代的学生的心理变化，掌握新时代的最新科技成果，利用这些成果积极为教学服务，强化职业责任感。

最后，树立终身立教、服务于生以及教书育人的自信心。作为一名教师，时刻铭记终身立教的信念，时刻以师者的道德修养与思想境界来引导芸芸众生，学而不厌，诲人不倦，明确自身的任务就是教书育人、服务于生，树立从事教育行业应该有的信念和信心。

# 实践：加强师德建设的六大基本路径

教育，是传承民族文化的重要手段，同时也是提高民族竞争力的必要出路，没有强有力的教育，就谈不上社会进步，也谈不上经济发展。教育，自古至今就是我们中华民族传承的重要事业，担负起培养一代又一代中华儿女，缔造一个又一个中华文化传奇的责任，延续了数千年来中华儿女共同创造的灿烂文明。中国人，始终讲究修身养性、立教训导，也就是我们现在说的“修身立教”。修身立教不是一种工作，也不是一种职业操守，而是一种教书育人的境界，尤其强调“育人”的理念，是全体教育工作者需要追求的一种层次。虽然修身立教、培育师德的理念已经提出很久了，但随着日前经济社会的不断发展，人们的价值观与人生观也在悄然发生着变化，这其中也不乏一部分教育工作者在思想与社会发展同步变化时，产生了或大或小的转变。尤其有一部分教育工作者，政治信仰崩塌，价值观扭曲，严重影响了人民教师的形象。因此，面对林林总总的情况，我们亟须加强师德师风建设，强调教师修身立教、敢为人梯的精神，让每一位教育工作者都成为“学为人师，行为世范”的典范，全心全意地为党和人民的教育事业奉献终生。修身立教，加强师德建设的主要思路如下：

## 一、以人为本，人性化管理学生

“以人为本”的说法起源于我国古代，很多典籍中都有所提及。比如《孟子·尽心》中的“诸侯之宝三：土地，人民，政事”，充分体现出我国自古以来“民为贵”的思想观念，这也就是现在我们所讲的“以人为本”

之意。“以人为本”是我国政府的执政理念，同时也是新时期教书育人的管理核心。“以人为本”不是一句口号，而是要落实在学校日常教学工作的各个方面，包括学生的学习、生活、思想等。当然，“以人为本”更多地体现在一些细致的工作上，而恰恰是这些细致入微的工作才彰显了教育工作者对“以人为本”理念的深刻诠释。比如低年级的小学生自我保护意识不够强，容易受到外界侵害，对于一些潜在危险不够警惕，如对水、电、灾害性天气的危险认识不够。对此，教师一方面需要及时、经常性地为学生讲授相关的安全知识，可以选择一些故事化、生活化的方式，比如卡通图片、小故事等，有利于学生记忆；另一方面可以对一些常见灾害进行预防演练，最大限度地让安全意识、防范意识立体化地进入学生的脑海。

## 二、以德为本，科学管理学生

教师，肩负着培育下一代的重任。因此，优秀的教师绝不是仅仅停留在“传道、授业、解惑”的层次上，或者每天精于业务、钻研教学方法，爱岗敬业、不迟到不早退，甚至是多写几篇教研论文，而是在“教书”的同时还要“育人”。教师，需要具备高尚的思想道德品质，需要具备“我心暖生心，愿做登天梯，两肩担未来”的崇高理念，只有这样才能真正做到以德为本地去管理学生。比如，很多学生在教师眼里属于典型的“不听话”学生、后进学生，包括思想后进、学习后进、行为后进等。对于这些学生的管理一直是很多教师头疼的问题。大部分教师都喜欢优等生，可以理解。但是对这些后进生怎么办？放弃，批评？都不行，越是后进，越需要教师更多的关心和帮助。比如，教师通过定期的家访、不定期的电话沟通，定期的个别座谈、不定期的问卷调查，充分地了解学生后进的原因是学习上的，还是生活上的，是家庭的，还是思想的，然后有针对性地用心去沟通，解决学生存在的问题，让学生幼小的心灵得到最大限度的宽慰和帮助，他们自然也就会对未来充满信心。

## 三、以学为本，用行动带动学生

教师这个职业本身就会责成教师孜孜不倦地提高自己，随时补充自己的知识储备量。因此，不间断的学习成为教师这个职业必须做的，“知识渊博”也成为教师的代名词，“学无止境，止于至善”成为社会历来对教师的基本要求。这里的学习，包括对专业知识的学习，也包括对教学理念、教学方法的学习。作为一名教师首先要具备的就是刻苦钻研专业知识的精神，锲而不舍，学而不厌，学有专长，掌握渊博的科学知识和先进的教育理念，走专业化道路，要让自己的知识像源源不断的清泉，滋润学生干涸的心田；其次要不断地精研和提炼总结教学经验和方法，时刻用与时俱进的理念武装自己的头脑，尤其是对“新课改”与“素质教育”的理念与内容要进一步学习，要让自己的教学方法始终处在前进的行列中，这样才能给学生形成最有效的课堂，也才能更好地培养学生的能力。另外，孔子说过：“其身正，不令而行。其身不正，虽令不从。”教师自身的形象与爱岗敬业、为人师表的精神，对学生的影响是巨大的，也是直接的。“情生于境，境能移情”。因此，教师孜孜不倦地学习，本身就是对学生的一种最有效的正面影响。教师要通过自己的言行来感染学生，给学生创造一种良好的学习氛围，进而影响学生。

## 四、以勤为本，提高自身修养

修养，指人的行为和涵养，与人的性格、心理、道德、文化等有着紧密的联系，即一个人综合素质的表现。而人的性格的养成，或者说综合素质的养成，需要人潜心地学习，认真地推敲，甚至有很多需要在实践中反复磨炼才能形成。因此，“勤”是任何职业最优良的品德与修养之一，教师这个职业也不例外。“勤”可以解决很多看似很困难的问题，还可以提高我们的自身修养。很难想象，一个生活中懒惰、工作中也不勤快的教师可以打造成具有良好的自身修养、高尚的思想品德的教师。因此，教育工作者必须要养成“勤”的好习惯，而且“勤”要体现在工作与生活的方方面面中，尤其是关系到自身修养的事情，更是不可怠慢。比如遇到一些与教学工作没有关系的困难，看似教师可以管也可以不管，如果懒得管那么也就得过且过了，如果“勤”，则可以帮学生去解决。这件事情对教师来说或许影响不大，但是对学生的影响也许是巨大的。这一“勤”一“懒”所造成的结果是截然不同的，这也就是我们所熟知的“不以善小而不为，不以恶小而为之”的道理。

## 五、以廉为本，净化自我心灵

学生对教师怀有无尽的崇拜之情，因此教师的一举一动都被学生看在眼里、学在心里。基于教师职业的特殊性，大部分教师都能严格自律，清白从教，但是也有个别教师不能很好地把握道德底线。一些学校中出现了教师对待学生的态度好坏与学生家长给教师送礼多少成正比的不良现象。“贿赂”一词本应离校园很远很远，是最不应该出现在校园这块神圣的土地上的。全体教师需要重新审视自己的身份，重新明确自己的价值观，从现在开始，从一点一滴开始，治身养性，守正为心，风清气正，方得人心，以廉为本，净化自我心灵。比如过教师节，学生们带着感激之情的一张贺卡就一定比一份沉甸甸的礼物价值小吗？学生对教师的感激应该是一种精神，而不应该是物质，唯有精神层面的交流才是长久的，才是可持续的，才能最终让师生的感情延续到永远。

## 六、以爱为本，用心呵护学生

教师是一个神圣的职业，“为人师表，率先垂范”。这种表率体现在生活与工作的各个方面，因为学生，尤其是年龄小的学生具有典型的“向师性”，而年龄较大的学生对于教师的行为则是直接模仿较少，参悟与领会较多。但无论哪个年龄段，学生都需要得到教师的认可和尊重，希望得到教师更多的爱。教师给予学生的爱应该是无私的，就像父母给予自己的孩子一样，爱是一位优秀教师品德的最集中体现。只有用心去呵护，用心去爱自己的学生，学生才会用心与教师交流，才会用心学习，才能形成更大的学习积极性。因此，很多人说：“教师的爱不仅独特，而且是魔力般的神奇。”爱自己的孩子是人，爱别人的孩子是神。也有人说：“疼爱自己的孩子是本能，而热爱别人的孩子是神圣。”爱一名学生，意味着无私奉献，这种奉献渗透于日常教学工作的点点滴滴之中。反映到教学实际中，教师只有热爱学生，才能尊重学生，才会精心地培养学生。教师只有热爱学生，才能更认真、更耐心、更细心地对学生进行教育。“爱”源于高尚的师德，是一切师德最集中的体现。

古往今来，教师一直得到全社会的尊敬。为什么教师会受人尊敬？为什么教师会让人感动？为什么教师会让人崇拜？那是因为教师的人生承担了对学生成才的责任，因为教师的心中充满了培养学生的信念，因为教师的灵魂深处凝结了对学生深深的爱。因此，只有那些真正全心全意投入到教育事业中，真正潜心修身立教，真正认真地践行师德建设的教师，才能得到全社会的认可，才能对得起全社会对我们的称呼——“老师”。

# 拓展：
# 构建和谐文化，感悟职业幸福

## 一、引言

学校管理的最高境界应该是文化管理。教学管理，最理想的是营造一种积极、健康、人文的氛围。校长的为人处世态度和工作方法对学校产生着有形和无形的影响。在学校文化建设中，众多校长可能十分关注并强调制度文化的传承与创新，但是实际上，一种制度乃至一所学校运行的好坏，仅仅依靠制度本身是远远不够的。一种制度的实施或者执行，在很大程度上依赖于一种看不见但却起着支撑作用的制度环境，也就是一种氛围、一种精神文化。因此，学校文化的建构中很重要的一个方面就是营造一种积极、向上、健康、人文的氛围，张扬一种振奋人心、与时俱进、自强不息、追求卓越的精神。

## 二、构建和谐文化，感悟职业幸福的主要思路

### （一）倡导服务文化，营造服务氛围

学校是一个服务部门，校长为教职工服务，教师为学生服务，校工为教师、学生服务。现在学校要积极倡导、实践这种服务文化，通过服务获得服务对象的认可和肯定，体验教育工作的快乐。常言道：一位好校长就是一所好学校。每周一早晨，校长要和值班人员一起站在学校大门口，迎接教职工和学生入校，并问候“早上好”。平时在楼梯口、办公室、走廊上遇到教师，

报以微笑。一个微笑，一声问候，这看似简单的交流总让教师们倍感温暖。在生活上，急教师之所急，想教师之所想。比如，找落聘的中层干部谈心；在操场上与教师们一起参加毽球比赛；和工会一起去看望生病的教师；和各科组的教师一起开展教研、科研活动……给教师们送去一份关心，送去一份理解。真情能感动人，会使教师更加努力地去工作。一位总是面带微笑、充满活力的领导，会让人感到亲切，工作起来不会感到压抑。校长奉行“春风化雨，润物无声”的工作风格，也许会更受教师的欢迎。教师只有愿意接受这位领导，才会积极地配合领导的工作。有了教师们的支持，校长就像鸟儿飞上了蓝天，就像树苗落地生根，就像鱼儿游进了水里，有了依靠，有了生存的环境，工作开展起来也就有了基础。同时，校长的言传身教也能感染教师。校长要用自己的言行去影响教师的思想，变“师道尊严”为“服务于人”。

### （二）加强师德修养，营造幸福氛围

特级教师于漪曾说：“假如我有第二次生命，我仍然毫不犹豫地选择教师这崇高而神圣的职业，因为‘给’永远比‘拿’愉快。”教师的幸福存在于平凡的、创造性的、不一定有丰厚的物质报酬、以奉献为主旋律的职业生涯中。而且教育是一项可以给人以双倍精神幸福的劳动。教师的劳动收获中，既有自己感受到的成功的欢乐，更有学生感受到的成功的快乐，是双倍的收获，乃至更多于其他劳动的双倍的幸福。

要想获得双倍的幸福，需要学校有和谐的氛围，教师有高尚的师德。例如，学校工作规划中把“营造和谐氛围，创建和谐学校”作为工作重点之一。学校聘请上级领导来校相继举办了题为“当今社会教育发展新形势”“新形势下的师德建设”“营造和谐氛围，创建和谐学校”等专题的讲座。学校党支部成员严于律己，发挥带头作用。学校工会积极架设干群沟通联系的桥梁，做好关心教职工的工作，让全体教职工感受到学校就是自己的家，工会就是自己的知心朋友。团支部三位成员在学校也都已发挥了主力军的作用。学校还制定了办公室文明公约，组织教师学习了《教师职业道德规范》，形成团结和谐、互帮互敬的局面。

### （三）打造专业队伍，营造学习氛围

社会的发展靠教育，教育的发展靠学校，学校的发展靠教师的素质，教师的素质来源于对教师的培养。学校不仅是学生学习的场所，也是所有教师学习的场所，是教师专业化发展的场所。一个学校要想持续发展、良性发展，就不能只用教师而不培养教师。从某种程度上讲，教师队伍的建设关系

着学校的兴衰存亡。因此，学校教学管理的核心是教师队伍建设。在学校大兴学习之风，形成浓厚的学习氛围，是在教师队伍建设中应采取的重要策略。

1．更新教育观念，紧跟教改步伐

教师培训，使教师确立现代教育观念，跟上教育教学改革的步伐，与时俱进，教育教学观念不断更新，教学具有前瞻性、创新性。

例如，结合教育行政部门人才培训工程的开展，学校特别重视教师的继续教育、校本培训。积极鼓励教师走出去参加各种继续教育培训班和学历进修，同时扎扎实实地抓好学校教师的校本培训工作。校本培训工作要做到“四有”：有内容、有计划、有实施、有总结。为了提高教学质量，学校采取“请进来，走出去”的方式，培养骨干教师，推进教研活动。骨干教师的脱颖而出，能以点带面，促进学校教研工作全面发展。为了提高教师的工作积极性，学校还完善了二次分配制度，制定了奖教奖学方案，奖励工作勤奋、教学水平高的教师。学期末结合区的有关文件精神开展优秀教师、优秀班主任的评选活动。另外，学校还重视青年教师的培养工作，开展传帮带活动，经验丰富的老教师毫不保留地帮带年轻教师，行政、科组长也努力地为年轻教师的发展搭建平台，让教师每人每学期上1～2堂实践“有效课堂教学”的公开课，以适应课程改革和教育现代化的需要，积极推进学校教师专业化进程。

2．培训敬业精神，保持教学热情

培训敬业精神，使教师保持对教育教学的热情。对青年教师，培训的重点应当放在其教育教学发展的动力上；对中年教师，培训的重点是突破教育教学的“高原现象”；对老年教师，培训的重点是走出经验，走向创新、出成果上。

要想培训敬业精神，保持教学热情，还需要教师以身立教，为人师表，成为“一个有道德的人，一个讲礼仪的人，一个廉洁从教的人”，全心全意地为党和人民的教育事业贡献终生。

3．培养教学能力，提高教学水平

教学能力的培养，是教师培养的核心内容。教学能力包括教学设计能力、表达能力、教学组织能力、运用教法能力、激励学生学习能力、教学评价能力、教学研究能力及学科特殊能力。

教学工作是学校的中心工作，教学质量是学校的生命线。学校应树立并坚持“质量第一”的观念，使教学质量稳步提高。具体做法有：抓好集体备课，进行教材梳理，明确知识点、重点、难点、训练点、拓展点；开展互相听课、互相评课活动，改进自己教学中的不足，也让别人看到自己的教学风格和优点；请学科教学专家来校调研、开讲座，针对低、中、高年级学科教学的特点进行教材分析、提出教学建议，并针对学校的教学现状交流意见；同伴互助，实践反思，把教学过程中一些成功的做法加以提炼、升华，不仅提高了课堂教学的有效性，还使教师的教学能力得到了加强；抓好培优扶差工作，侧重对学生进行激励性的评价，多表扬学生，坚持正面引导的原则。苏联教育家苏霍姆林斯基说过“人只能由人来建树”。因此，学校领导和全体教师要用以人为本、以学生为主体的观念来指导每一项工作。

4. 建设科研队伍，促进专业成长

“科研兴校”“科研兴教”，科研是学校发展的不竭动力，能够使学校的发展方向明确、决策科学。建设一支高素质的专业化的科研队伍，是学校发展的需要，是教师专业成长的需要，是教师成为学者型教师的必由之路。

例如，学校结合实际，开展“有效课堂教学”学校科研课题研究。学校制定科研方案，组织教师学习有效课堂教学的理论，并要求教师把有效课堂教学的理论运用到平时的教学当中去。平时各科组结合科组教研活动，积极开展教育科研工作，以有效课堂教学理论做指导开展备课、上课、评课、反思等一系列的活动，取得了一定的成绩。为了加深对有效课堂教学科研课题的理解运用，学校还邀请有关专家到学校讲课，如“有效课堂教学”“如何进行有效教学”“有效教学”的专题讲座。结合科研课题，教师积极开展教研科研活动，骨干教师带头上实验课、示范课等，理论与实践紧密结合，取得了较好的效果。

### （四）加强团体建设，营造合作氛围

1. 家、校、社区合作

家庭是未成年人成长的第一环境，父母是未成年人教育的第一任教师。作为实施家庭教育的主体，广大家长对待家庭教育的态度和家教指导的水平，是家庭指导工作成败的关键。为此，学校充分发挥教师的指导作用，构建家庭与学校、家长与教师之间的合作体系，发挥家长学校的作用，成立家长委员会，开展亲子活动、开放日活动等，让家长走进学校、课堂，与孩子一起开展活动，加强了家、校、生三方面的沟通。进一步完善学校、家庭、社区三位一体的教育网络，建立家庭教育志愿者队伍，每期开设各种家庭教育指导专题讲座，形成家庭教育指导系列，提高家长科学教子的水平。

为了让“三结合”工作常规化，学校聘请了街道团委书记、军民联谊单位领导、街道书画协会会长担任校外辅导员；开展了“三聘”工作，聘请了法制副校长、法律顾问、卫生指导员。与街道、派出所、司法所、卫生院、经济联合社、侨联、居委、军民联谊单位紧密结合，成立社区网络，建立教育基地和劳动实践基地，充分依托黄埔古港、黄埔村、石基村以及黄埔小学的悠久历史文化来进行爱国爱家爱校的教育。让学生积极参与社区组织的各项有益活动，使学校、社区的教育活动形成联动态势，促进了学习型社区的发展。

2. 党团队活动

学校党、团、队“三结合”，在德育管理上一贯坚持做好各项常规工作，依托少先队这一教育阵地，以学生为主体，开展一系列少先队主题活动，并按照少先队活动应当遵循“坚持贴近实际、贴近生活、贴近未成年人”的原则，强调实践育人、体验教育，把教育寓于丰富多彩的活动中，促使少先队组织充满活力。例如，扎实做好“文明礼仪之星”活动，开展主题鲜明的读书活动、重大节日的庆祝活动等。

3. 工会活动

学校的工会组织是联系学校领导与广大教职员工的桥梁和纽带，是团结广大教师为全面提升教育质量而共同奋斗的群众组织，肩负着十分重要的使命，是学校不可或缺的重要组织机构，是广大教职工意志的代表，是民主权力的具体体现。办好一所学校，工会组织的作用是不可忽视的，是至关重要的。

学校组织全体教师深入开展“以身立教，为人师表”师德建设工作，例如：开展师德演讲比赛，撰写以“以身立教，为人师表”为主题的师德征文稿，各年级组开展师德大讨论，开设主题为“依法治教，加强教师师德建设”“爱岗敬业，坚守职业道德”等的讲座。

工会还组织教师们开展一系列的康体活动，如乒乓球、羽毛球、篮球活动。每年的新春在职退休教职工茶话会、每年与社区的教师节联欢以及年末的团年饭、每年老兵退伍时与炮兵连联欢等已成为学校惯例，活动朴素而热闹，大大加强了学校与当地政府、驻地部队的沟通，为办人民满意的教育打下了良好的基础。工会在校内也开展了许多活动，不仅组织教师外出活动，还定期探望有困难的退休教师、看望生病的退休及在职教师、慰问过生日的教师、对全校教师进行家访。红白喜事工会主席都会前去慰问，让全体教职员工感受到学校就是自己的家，工会就是自己的知心朋友。

学校的工会工作是十分重要的，也是非常繁杂的，只有下大决心，花大气力，深入细致地了解各方面的实际，协调各方面的关系，才能使学校领导、教师、学生目标一致，团结向上，共同努力，充分调动一切积极性，人尽其才，物尽其用，构建和谐校园。

学校管理对一所学校的发展起着至关重要的作用。学校管理只有由制度管理上升到文化管理，才能在学校文化的构建中真正做到倡导服务文化、营造服务氛围，加强师德修养、营造幸福氛围，打造专业队伍、营造学习氛围，加强团体建设、营造合作氛围，营造良好氛围、张扬卓越精神，真正达到文化管理的最高境界，学校的质量才能真正得以提高，学校的特色才能真正形成，学校的品牌才能真正树立，教师才能在敬业中感悟职业的幸福，学校才能办成人民满意的学校。

# 第二部分

## 教学：师生成长的根本平台

课堂是学校践行教育理想的首要平台，是学校实行教学主张的主要阵地，是教学相长、师生对话的重要舞台。课堂对于教育生命、学校发展与师生成长而言，是唯一的、不可替代的。要了解一所学校，就要进入他的课堂；要了解一名教师或是学生，同样要进入他的课堂。

课堂是教育实践最根本的路径。离开了课堂，一切教育理念和教学主张，都只能是镜花水月，无所依从。笔者的从教经历，尤其是在教学上的摸索并非一路坦途，也曾有过令人唏嘘的迷惘与失落，但在多重煎熬下，笔者仍以不畏困难的勇气与灵动善悟的智慧，牢牢抓住课堂这一关键，大胆实验，追求创新，山重水复处迎来了自我教学风格、教学理念和教学实践的豁然开朗。

# 课堂教学：综合考量下适合策略的选择

## 一、问题的提出

自从工业革命以来，特别是第二次世界大战以后，科技飞速发展。我国改革开放40多年来，国民经济快速增长，人们的生活水平大幅度提高。生产力的发展，势必引起生产工具的变革。当今社会已迈入信息化时代，互联网、物联网、大数据等高科技已进入人们的生活，电子白板、录播系统、增强现实、物联网、iPad等高科技产品进入课堂。近十年来，课堂教学改革也风起云涌，例如有效课堂、高效课堂、卓越课堂、翻转课堂等，又如教案导学、学案导学、导学案、问题导学等。综观课改情况，总的方向是从研究如何“教会”到引导如何“去学”。即便如此，当前社会上都在热议钱学森之问：“为什么我们的学校总是培养不出杰出人才?”顾明远先生说，虽然这不完全是教育的问题，但是教育确实担负着重要的责任，主要表现在教育观念陈旧、教学模式的僵化、教学方法的落后、教育评价的片面。

拥有杰出人才和创新人才是国家迈入人力资源强国、发明创造、具有国际竞争力的重要因素之一。许多发达国家都将人才的培养与不间断的教育改革作为国家发展的基础课题。人才的优劣与培养模式的改革，关键在于课堂，课堂教学的效果对人才的培养起着巨大的影响作用。研究和经验性的观察表明，决定课堂教学效果的主要因素之一就是教学策略，新课程目标理念积极倡导自主、合作、探究的学习方式。办学的目的是要培养适应社会发展的人。如果教师还用农业时代的教学模式来教信息时代的学生，势必是行不通的。与20年前或更早的时候相比，现在教师的教学策略到底发生了多大程度的变化？本研究通过观看城关一小人教版四年级语文《爬山虎的脚》的课堂教学录像，分析小学课堂教学中教学策略的现状存在的问题，总结当前课堂教学中的策略，以回答前述问题。

## 二、课堂教学策略

课堂教学是素质教育的主阵地，有关课堂教学策略的研究层出不穷。课堂教学策略是当前教学研究的一个重要课题，其研究是新课程实施、转变教育观念和教学方法的必不可少的环节，还关系到教学质量的提高和人才的培养。如刘济远教授提出的课堂教学三环节“导课—教学新内容—结课”等。但是，无论哪个国家或哪个时代的学者提出的教学策略，都很难具有普适性或一贯性。正如捷克教育家夸美纽斯所说，要寻找一种教学的方法是对的，不过他当时寻找的方法不一定适用于今天。

关于教学策略的研究有很多，总体看来，主要涉及教学设计、方法、决策、模式、模型、手段、策略等方面，名称上虽有差异，但内容上具有较多相似性，探讨的都是课堂教学的设计、决策等特征。根据百度百科汉语词条的解释，策略是指计策、谋略。“策略”就是为了实现某一个目标，预先根据可能出现的问题制订的若干对应的方案，并且在实现目标的过程中，根据形势的发展和变化来制订出新的方案或者选择相应的方案，最终实现目标。本研究中，以“策略”一词代之，可以发现这些研究主要可划分为应然和实然两种取向。

### （一）应然取向

应然取向，即课堂教学应该具备的策略。此类研究主要是从课堂教学的性质、功能和结构入手，分析课堂教学这一活动，再基于这些性质、功能和结构，探讨课堂教学策略应该具备的特质，主要涉及教学活动各要素之间的关系以及教学策略的有序性、可行性。

教学策略是在一定教学思想或教学理论指导下建立起来的、较为稳定的教学活动框架和活动程序。活动框架意在凸显教学模式从宏观上把握教学活动整体及各要素之间内部关系的功能。活动程序意在突出教学模式的有序性和可行性。早期教学模式的历史发展是孔子的“学—思—习—行”。《中庸》一书中，学习过程被概括为“博学之、审问之、慎思之、明辨之、笃行之”五个阶段。荀子的“闻—见—知—行”是教学的典型结构，即“讲—听—

读—记—练”。夸美纽斯以认识论原理为指导，把教学的一般进程或结构概括为“观察—记忆—理解—练习”。德国教育家赫尔巴特第一次把心理学原理运用于对教学过程的分析，以统觉论为基础提出了历史上著名的四段论教学模式“明了—联想—系统—方法”。其后，戚勒和赖因将这一模式发展成五段教学法。杜威从实用主义教育理论出发提出了“五阶段”教学模式。他从儿童生来就具有某些才能、兴趣和社会需要的本能论出发，提出了教学模式五步法“发生困难—确定问题—提出假设—推论—验证”。这一模式强调了从儿童的兴趣出发，培养学生的主动性和创造性。苏联教育家凯洛夫根据马克思主义认识论的原理，吸收历史成果，提出了一个较前完备的教学模式“感知—理解—巩固—运用”。20 世纪 50 年代，美国教育心理学家布鲁纳根据结构认识论提出了“发现学习”的教学模式：明确结构、掌握课题、提供材料、建立假说、推测答案、验证、做出结论。美国著名教育家、心理学家巴特勒 1985 年在《教学过程：一个联合而相互作用的模式》中提出了七阶段教学模式：情境—动因—组织—应用—评价—重复—推广。20 世纪 90 年代，罗伯特·坦尼森根据记忆系统信息加工的认知范型提出了综合性教学设计模式：“贮存—提取—区分—综合—创造力”。

不同国家在不同时代的发展中对学校课堂教学的策略有着不同程度、不同类别的期待，当然这种期待也建立于不同层面的实证研究基础之上。

### （二）实然取向

实然取向，即课堂教学中实际具备的策略。这一类研究大多以课堂教学为研究对象，采用实证的研究方法，如访谈法、观察法或资料收集法，主要涉及自主、合作、探究、互动等方面。以下是中国知网上按“课堂教学策略”主题排序的下载次数前十几名的实然取向的文献资料。

邵志豪对实验区地理教师的“活动”教学现状进行了调查，并运用统计软件对调查数据进行统计与结果分析，根据调查结果提出“活动”教学策略。

吴青深入高中生物课堂教学一线进行教学观察与实践，并开展了高中生物新课程实施教学现状的问卷调查和访谈工作，从中获得了真实可靠的数据一手资料，在此基础上分析、归纳出存在的问题，并提出了课堂实施策略，包括问题情境的创设策略、设疑的策略、促进课堂参与的策略、合作学习策略、探究性学习策略。

王志丽通过访谈法、课堂观察法、理论分析法，从多元智能理论视角提出初中英语差异教学策略。她在英语教学过程中，对不同的学生使用差异化的课堂提问方式和教学方法，将学生进行动态分组，使每个学生都能积极地参与到课堂活动中。

贺双在湖北省荆州实验小学进行代课、辅助教学和随堂观摩的亲身实践，总结出课堂教学八大策略：教授策略、讨论策略、提问策略、适应性教学策略、激励策略、运用非语言手段策略、管理课堂策略和管理教学时间策略。

潘馨兰通过课堂观察法、访谈法，对苏州市城西中心小学三年级、五年级的语文、数学、英语课堂进行观察，对三年级、五年级的教师进行访谈，分析小学课堂教学中师生互动方式的现状和存在的问题，提出师生互动方式的四大策略：问答策略、合作策略、任务策略、选择策略。

张欢主要采用了个案研究的方法，具体采用问卷调查法、课堂观察法、访谈法，根据调查结果发现学生参与的差异，提出促进学生参与的策略：行为参与、情感参与、认知参与。

丁俊新通过调查法、实验法归纳出七年级地理课堂主要有九大教学策略，即演示观察策略、读图认知策略、填绘图表策略、凸现区域特征策略、地理活动策略、制作观摩策略、地理综合分析策略、典型问题探究策略和自主合作学习策略。

王成凤采用观察法、访谈法、案例法对小学低年级数学课堂教学现状、原因以及如何让小学生真正成为学习的主体、让课堂成为学生自由求知的殿堂，提出自主学习的课堂教学策略。

苏隶以沈阳市某小学五年级为例，以问卷、访谈、查阅资料等方式进行了调查研究，从而梳理出某小学语文小组合作学习中存在的问题，提出了合作学习的策略：合理设计合作任务、恰当把握合作时间、合理组建合作小组、教师在小组合作过程中恰当指导、学生充分参与、良好的合作态度。

周晨捷在采用多媒体辅助小学数学课堂教学的实验教学研究中，提出自主学习的支架式教学策略。结果显示，实验班不但成绩有所提高，而且在学习过程中学生的认知能力、进取心均能得到发展，他们喜欢独立思考，能提更多的问题并解决问题。在小组协作中主动建构自己的知识体系，发挥学生的自主性。

综上所述，不同的教学策略可以直接影响教师的动机、能力发挥以及工作状态，进而对完成教学任务、实现教学目标、提高教学质量、发展学生智力以及形成学生人格产生影响。这种影响具有可测性，且通过他人、事件或者组织因素等媒介起作用。

### （三）概念框架

从上述应然和实然层面的研究，我们可以归纳出课堂教学所应具备的策略，可分为七个层面来呈现，分别为自主、合作、探究、互动、引导、激励、情境（如图1所示）。

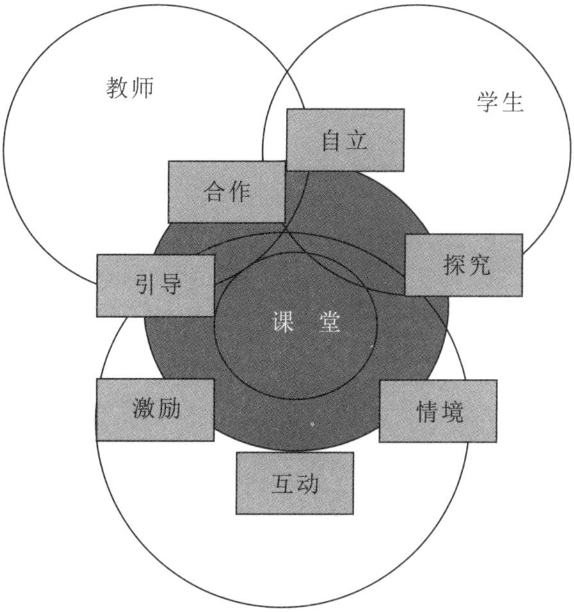


**图1　基于文献的概念框架**

自主是指课堂教学以学生为主体，学生具有自主学习、查阅资料的能力。合作是指学生与学生、学生与教师合作学习的能力及团队精神的培养。探究是指学生在课堂学习中提问并解决问题的能力以及思维的发展、科学的探究精神的培养。引导是指教师在教学中适时适当地给学生释疑解惑，进行正面的引导。激励是指教师多给学生鼓励，培养学生的自信心。情境是指借助文本内容或多媒体辅助创设情境，激发学生的学习兴趣，或帮助学生直观认识。互动是指教师与学生之间、学生与学生之间、学生与高科技之间的交互作用或反应过程，是指教师和学生通过一定形式的相互作用，促使学生在主动参与过程中产生积极变化。

自主、合作、探究、互动、引导、激励这六个方面又可提炼为教师、学生以及课程、多媒体三个维度。课堂教学需要教师恰当的引导、激励，需要借助课程这一重要手段，运用多媒体辅助，最重要的是课堂教学中以学生为主体，培养学生自主学习的能力和良好习惯，培养学生合作精神、探究意识，会借助高科技工具提高学习效率。

综上可以看出，已有文献大多是从学术研究的视角，对课堂教学策略的应然和实然层面进行研究（如图2所示）。本研究选取的课堂教学实例是近期城关一小的一节参赛课。本研究的创新之处主要体现在对课堂实例的解读，通过观看课堂教学录像发现问题并进行分析，观察当前实然层面的课堂教学应具有哪些策略。

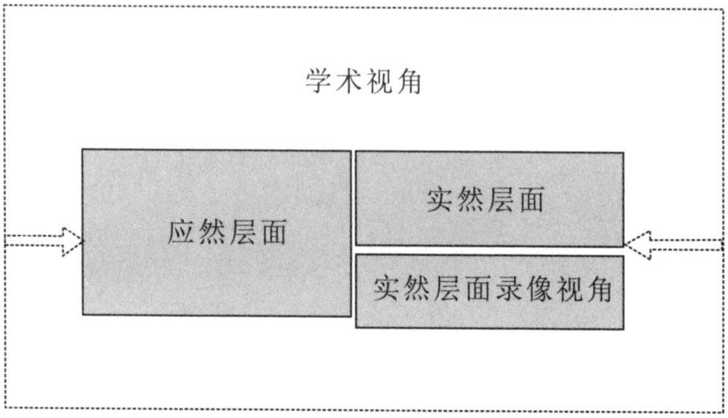


**图2 研究视角分析**

## 三、研究方法

本研究主要采取观察法，通过对课堂教学录像的分析、解读，提取关于课堂教学策略的关键词，梳理出优秀课堂教学的策略。

### （一）观察的方法

课堂教学录像对于研究而言是特别好的资料来源，可以使研究更好地植根于所探究的问题情境中。录像通常被某些社会机构或个人用来记录或解释社会现象（或社会问题），也可以作为本研究丰富的二手资料。本研究主要采用观察法，观看城关一小四年级语文《爬山虎的脚》课堂教学的录像。

### （二）研究对象的选择

本研究选择的是城关一小四年级（1）班的语文课，授课教师是一位40岁左右的女教师，该节课主要教授的课文是人民教育出版社出版的《语文》课本中的《爬山虎的脚》一文。本研究以这节课作为研究对象，分析当前课堂教学的现状和存在问题，从中梳理出课堂教学中应具有的教学策略。

### （三）资料整理的方法

笔者对《爬山虎的脚》这节课录像的基本信息进行了汇总和整理，从课堂提问情况、师生互动模式、新课标要求与课堂教学差异的比较、多媒体使用情况四个角度进行了梳理，并基于这些梳理，分析学校课堂教学中教学策略的趋势和方向。

## 四、资料分析

课堂教学录像中的这一节课，不能代表录像中教师全部的教学情况，更不能代表其他教师的教学情况，具有局限性。但研究者可以从中分析出当前课堂教学中教师们没有意识到的问题。诚然，这种分析也难以避免地受研究者自身的学科思维视角影响。

### （一）教学资源的分配

在整个课堂教学过程中，教师提出供学生回答的正式问题共37次。具体分配情况如表1所示。

表1 课堂教学提问教学资源的分配

| 排次 | 一组 | 二组 | 三组 | 四组 | 五组 | 六组 | 七组 | 八组 |
|---|---|---|---|---|---|---|---|---|
| 一排 | F：▲ | B：3、17、28 | F：8、26 | F：▲ | F：▲ | B：5、22、27 | F：▲ | B：▲ |
| 二排 | B：▲ | B：36 | F：4、10、18、30 | F：6、7、19、23 | F：2 | B：▲ | F：▲ | B：▲ |
| 三排 | B：1、37 | F：21、33 | F：▲ | F：13 | F：▲ | B：▲ | F：▲ | B：▲ |
| 四排 | F：▲ | F：▲ | B：29、30 | F：15 | F：35、34 | B：9、11、12、24、25、31 | B：▲ | B：▲ |
| 五排 | B：▲ | F：▲ | F：▲ | F：14、16 | B：32 | B：20 | × | B：▲ |

注：1. 该表是按照课堂上学生真实的座位号来排列的。

2. 表格中的数字1、2、3……37代表学生被提问的先后次序。这里的“被提问”是指教师提出一个问题，学生举手后，教师点名让学生站起来回答问题，回答完毕坐下即为一次。

3. B代表男生；F代表女生；×代表该座位没有学生；▲代表该学生整堂课没有获得

被提问的机会，但不代表他们在教师提出问题后没有举手。

课堂40分钟对学生非常重要。教师对学生的关注主要体现在给学生回答问题的机会。从表1反映的情况来看，这个班共有39人（男生18人，女生21人）。这节课上教师共提问37次，其中获得6次回答问题的机会的有1个学生，获得4次机会的有2个学生，获得3次机会的有2个学生，获得2次机会的有6个学生，获得1次机会的有6个学生，没有获得回答问题机会的有22个学生。由此看出，在这节课上，作为回答教师提出问题机会的教学资源的分配是不平均的。

### （二）师生互动模式

在这节课上，每个学生的经验和体验如何被激发出来？学生个体如何利用自己的经验和体验来建构课文中所要传递的爬山虎的叶和脚的特点？学生如何去体会作者对爬山虎的喜爱之情？可以从课堂师生互动模式（如表2所示）分析。

**表2　课堂师生互动模式**

| 师生互动模式 | 所占用的时间/秒 | 在整堂课中所占比例/% |
| --- | --- | --- |
| 教师个体对所有学生* | 888 | 37 |
| 教师个体对学生个体** | 144 | 6 |
| 教师个体对学生群体*** | 0 | 0 |
| 教师个体的讲解 | 1 235 | 51.5 |
| 学生个体对学生个体 | 13 | 0.5 |
| 学生个体自我阅读 | 120 | 5 |
| 共计 | 2 400 | 100 |

注：*表示教师提出一个问题，全体学生都回答，比如教师引答、学生整体阅读课文中的某个段落等。

**表示教师提出一个问题，学生个体举手回答，这主要体现为表1所示情况。

***表示教师提出一个问题或要求，部分学生共同作答，如小组学生齐声朗读课文中某一段。

从表2反映出的师生互动情况可见，教师个体的讲解所占比例最大，占了整节课的51.5%。教师个体对全体学生所占比例也不小，占整节课的

37%。这两个部分共占整节课的88.5%，即这节课主要以教师为主导，以教师的讲解、教师控制学生齐答和齐读课文为主。教师提问，大部分学生举手，但教师只点一位同学来回答，回答后坐下为1次。教师对学生个体提问，学生获得回答问题的机会，与教师互动与交流，这种情况占整节课的6%。学生自我阅读，即自由朗读后思考，占整节课的5%。学生合作学习极少，只占了整节课的0.5%，而且主要是女生发言，同桌的男生听，没有真正意义上的合作学习。教师提出问题，部分学生回答的机会在这节课中没有体现。

这节课要求学生了解爬山虎的叶子、爬山虎的脚的具体形状，以及爬山虎怎样用脚爬，表达了作者对爬山虎的喜爱之情，告诉我们只有通过仔细观察，才能写出具体生动的文章。但教师没有利用学生个体的经验进行互动。学生完全是在教师的引导和牵制下去体会和记忆作者所要表达的感情。这足以体现教师如何看待学生已有的经验和体验，以及这些经验和体验对现有知识（爬山虎的叶子、爬山虎的脚的具体形状，爬山虎怎样用脚爬）建构的意义，也证明了表1中教学资源分配不均是导致出现学困生的重要因素。

### （三）教学策略变化

《基础教育课程改革纲要（试行）》（2001年）指出，课程改革的具体目标是改变课程过于注重知识传授的倾向，强调形成积极主动的学习态度，使获得基础知识与基本技能的过程同时成为学会学习和形成正确价值观的过程。加强课程内容与学生生活以及现代社会和科技发展的联系，关注学生的学习兴趣和经验，精选终身学习必备的基础知识和技能。改变课程实施过于强调接受学习、死记硬背、机械训练的现状，倡导学生主动参与、乐于探究、勤于动手，培养学生搜集和处理信息的能力、获取新知识的能力、分析和解决问题的能力以及交流与合作的能力。教师在教学过程中应与学生积极互动、共同发展，要处理好传授知识与培养能力的关系，注重培养学生的独立性和自主性，引导学生质疑、调查、探究，在实践中学习，促进学生在教师指导下主动地、富有个性地学习。教师应尊重学生的人格，关注个体差异，满足不同学生的学习需要，创设能引导学生主动参与的教育环境，激发学生的学习积极性，培养学生掌握和运用知识的态度和能力，使每个学生都能得到充分的发展。

按新课标的要求，课堂互动的“问题”应来自学生，学生是学习的主体，教师要创设情境，激发学生的思维。从《爬山虎的脚》课堂教学录像中教师的教学策略来看，主要还是教师为主导，“牵”着学生走，整个过程都在教师的控制之下，没有给学生质疑的机会，只是将知识传授给学生，更没有拓展学生的思维。师生互动也是形式上的互动，没有实质意义上的互动，学生对作者对爬山虎的喜爱之情体会并不深。学生对爬山虎这种植物的特点的了解也是通过教师传授或直观地看图得到的，没有去探究、查阅资料，或利用已有的对爬山虎的认知经验或体验来加深学习理解（如表3所示），与课标要求存在比较大的差异。

**表3 新课标要求与录像课堂教学的差异**

| 差异的层面 | 新课标要求 | 课堂教学录像 |
|---|---|---|
| 整体 | 学生是学习的主体。必须面向全体学生，使学生获得基本的语文素养 | 以教师的教为主，面向全体学生 |
| 教师及师生关系 | 学生是语文学习的主体，教师是学习活动的组织者和引导者。语文教学应在师生平等对话的过程中进行 | 教师是权威，课堂教学是学生获得知识的重要手段 |
| 教学方法 | 自主、合作、探究的学习方式。学科整合。信息多元、互动 | 以教师讲授为主，形式单一。不注重学科之间的整合。重视书本知识，重视对知识的记忆和背诵，不关注能力的培养。信息单向传输，教学关注结果 |
| 学生 | 好奇心、求知欲，自主阅读、自由表达，合作精神、科学精神、问题意识和进取精神 | 学生没有质疑，自主阅读少，缺少自由表达机会，没有合作学习 |
| 教材 | 内容丰富，人文化；学科趋向整合 | 内容丰富，人文化；学科整合 |
| 教学设备 | 现代教育技术，网络环境下 | 电子白板，但只发挥了播放图片的功能，没有充分利用电子白板的交互功能，以及上网查阅资料帮助了解课文内容的功能 |
| 教学目标 | 精细化，三维目标（知识与能力、过程与方法、情感态度与价值观） | 关注知识的传授，忽视了过程与方法、情感态度与价值观目标的实现 |

**续上表**

| 差异的层面 | 新课标要求 | 课堂教学录像 |
| --- | --- | --- |
| 评价方式 | 多元化，过程与方式多样化 | 单一，缺少激励机制 |
| 总体结论 | 课堂教学没有达到新课标的要求，与新课改前的教学方法相比没有多大改进，还是沿用讲授式、灌输式的教学方法，差异层面没有实质性的突破 | |

《基础教育课程改革纲要（试行）》（2001 年）倡导大力推进信息技术在教学过程中的普遍应用，促进信息技术与学科课程的整合，逐步实现教学内容的呈现方式、学生的学习方式、教师的教学方式和师生互动方式的变革，充分发挥信息技术的优势，为学生的学习和发展提供丰富多彩的教育环境和有力的学习工具。从表 4 来看，教师没有充分利用电子白板的交互功能，没有充分发挥网络查阅资料的功能，扩充学生的知识面，将语文和科学有机整合。从表 4 来看，电子白板只发挥了播放 PPT 的功能，人机互动也没体现从低级到高级的过程，学生既没有操作性主动参与，更没有意义性主动参与，整个教学过程中都是教师在操作电子白板，播放图片。这种互动教学也只是形式上的互动教学。

**表 4　互动教学与录像多媒体辅助教学的差异**

| 差异的层面 | 互动教学的要求 | 录像多媒体辅助教学的情况 |
| --- | --- | --- |
| 性质 | 教师与学生的相互作用 | 以教师为主 |
| 过程 | 从低级到高级的过程 | 没有体现 |
| 方式 | 学生意义性主动参与 | 没有体现 |
| 结果 | 以知识的生成为结果 | 直观认识 |
| 总体结论 | 电子白板只发挥了播放图片的功能，学生没有主动参与，缺乏互动，没有充分利用电子白板这个高科技的交互功能强大的教学工具 | |

由此看来，《爬山虎的脚》课堂教学录像所呈现的教学策略大多是实然层面的。课堂教学的合法性基础之一是知识的传递或建构，这里的“知识”

可以包括方法、情感、态度与价值观等。课堂教学中教师如何来传递或建构这些知识呢？教师的应然教学策略和实然教学策略直接影响到教师的教学行为。

## 五、结论与讨论

建构主义思想与方法论是新课程改革的重要理论基础之一，它要求教师反思“教学”这一行动及其所依赖的合法性基础——“知识”。“教”不是“给予”，“学”也不是“接受”。这个研究个案的课堂教学行动仍然体现着“教师是知识的权威，是知识的垄断者、销售者”这样一种传统的“知识观”，学生在学校之外（家庭与社区）所获得或形成的“知识”（对人、群体与社会所形成的经验的认知）在很大程度上没有得到认同，也没有糅合到课堂“法定文化”的建构中去。这种隐性的传统的“知识观”必然会影响“学生观”和课堂教学策略。

### （一）研究结论

综合文献探讨与本研究的实录资料分析，可以归纳分析出当前课堂教学策略有自主学习策略、合作学习策略、探究性策略、互动学习策略。

### （二）分析与讨论

从录像资料的分析表和文献资料的模型中可以发现，两者存在比较大的差异。录像中教师是主体，主导着整堂课的教学，没有以学生为本，教师“讲授式”教学格外突出，这一点也体现了本研究的发现与创新之处，即本校课堂教学策略存在的问题以及需要寻求解决的办法。这也进一步反映了当前该校课堂教学改革所体现的主要着力点在改变课堂教学策略。

表1所示课堂教学中提问资源的分配明显存在教育不平均的问题，少数几个学生得到的提问资源较多，大部分学生得到的提问资源较少，没有得到回答问题机会的学生在课堂上几乎没有得到教师的关注，根据心理学原理，这也是导致出现学困生的重要因素。这与应然层面的教学策略有比较大的差异。新课标要求课堂教学要面向全体学生，特别要关注特殊学生，给学生公平的教育。这就要求我们要改变旧的课堂教学模式，探索新的教学策略，以学生为主体，面向全体学生教学。

表2至表4所示课堂师生互动模式所反映出来的教师教学策略就是“讲授式”，这种教学方式在农业时代比较合适，但在现在的信息时代就明显滞

后了。网络等高科技产品已进入寻常百姓家，当前的学生不断地从网络、报纸、书籍、同学、朋友、家庭、社会中获取大量的信息、知识、经验或体验。学生的学习已不是“零起点”的学习。这就要求课堂教学策略要与学生相适应，知识的传递要建构在学生已有的经验或体验上，并且根据每个学生已有的不同经验或体验，体现因材施教，充分发挥学生学习的主观能动性，重在激发学生的学习兴趣，拓展学生的思维，培养学生自主、合作、探究的学习能力，培养学生不仅善于与教师互动学习，更善于借助高科技比如电子白板等进行人机交互学习，具备上网查阅资料、借助高科技深入了解一些抽象的知识的能力，扩大知识面，还要培养学生善于运用网络与世界各地的学习者交流、合作，培养全球眼光，放眼世界，成就世界英才。

# 学生：语文教学的根本主体

## 一、教学必须强化学生视角

现代教学论认为，教学主要是以课程内容为中介的师生共同参与的活动。在这个活动中，教师是主导，学生是主体。在课堂教学中发挥学生的主体作用可从三个方面切入。

### （一）强化应用意识

《小学语文教学大纲》明确强调了语文的实践性和实用性。在教学时应让学生感受到学语文对自己有实用价值，这样，学生学习的主动性就会增强。笔者曾进行过这样的设计和实践：在教会议记录应用文时，改变以往的教程，一上课便宣布："这节课我们开一个怎样开展课外活动的讨论会。"顿时，学生们欢呼雀跃。在讨论会上，大家畅所欲言，人人当记录员，把好建议一条一条地记录下来。讨论会结束之后，笔者告诉他们刚才记的就是这节课要学写的会议记录的内容。学生们亲身经历了讨论会的全过程，大多数都能写出格式正确、有内容、有主题的记录式应用文。学生学习语文的主体性自然得以体现。

### （二）激活学生思维

要发挥学生的主体性，关键是让学生具有思维的主动性。在教学中，教师应该想方设法开拓学生的视野，活跃学生的思维。

第一，运用直观教具创设问题情境，以激活学生的思维，发挥学生的想象力。例如，在教学《我的战友邱少云》中“邱少云壮烈牺牲”这一段时，教师借助挂图把学生带入情境中去，以此激发学生积极思考。出示挂图后，教师用教鞭一指，充满激情地说：“同学们，看，熊熊烈火把邱少云整个儿包住了。烈火中的邱少云，他的外表是怎样的呢？此时此刻，他的心里会想些什么呢？”学生们看着挂图，投入到情境中，展开合理想象，由邱少云的外表想到他的内心。有个女生越想越激动，她很有感情地说：“此时此刻，邱少云心里在想：烈火啊，你尽情地烧吧！为了朝鲜人民，为了祖国，我宁愿被烧成灰，也决不哼一声，决不挪动一寸地方！”她声情并茂的一段话刚说完，教室里立刻响起了热烈的掌声。这掌声不仅是对这位同学的称赞，同时也是对邱少云优秀品质的高度评价和赞扬。

第二，鼓励学生质疑问难。例如，在教学《可爱的草塘》中“浪花翠绿翠绿的，绿得发光，绿得鲜亮，欢笑着，翻滚着，一层赶着一层涌向远方”这一句时，教师让学生提出质疑。有的学生问，草塘怎么会有浪花呢？有的问，只有人才会欢笑，作者为什么写浪花欢笑呢？最后，笔者把学生提的问题归纳起来，让他们互相讨论解答，关键的地方笔者再点拨一下。这样学生通过质疑、解难，终于体会到作者刻画草塘动态和静态的美，借以表达自己看到自然美景时的欢愉心情。

第三，鼓励学生发表不同意见，让学生的求异思维得到发展。例如，在学习《挑山工》时，教师让学生谈谈自己的读后感。有几个学生都说要学习挑山工认定目标，步步踏实，一个劲儿往前走的奋发精神，不能像游人那样东看西看，走走停停，看起来走得快，结果反而比挑山工慢。突然有一个男生站起来反驳说：“我有不同意见。挑山工的精神固然可敬可佩，但是也不能说游人是错的。”顿时，同学们惊异的目光齐刷刷地投向了他，只见他不慌不忙地说：“因为游人来泰山的目的就是来观赏风光的。”他的话音一落，笔者立刻带着同学们鼓掌表扬这个男生，并鼓励其他同学向这个男生学习，要多角度地思考问题，大胆提出自己独特的见解，和老师同学一起探讨，把课文内容理解得更深更透。

### （三）注重学法指导

学生主体作用能否持久发挥，取决于学生是否会学习。为此，教师需要有意识地授以学法指导，让学生掌握查字典法、找词找句法、朗读法等多种方法学习课文。在处理一些结构相似的段落时，笔者往往抽出重点难点精讲导学，再归纳出学习方法，提出自学提纲，让学生自学其他部分内容，在实践中领悟方法。

此外，学生的知识能力要通过实践去掌握和形成。教学时要注意安排足够的时间给学生训练，教师要精讲精问，学生要多练、多思、多听、多议。应注意发挥群体学习的优势，多给学生实践的时间和自由活动的空间。这样，学生的主体作用才能充分体现。

## 二、教学应加强学生意志品质的培养

意志，作为一种心理素质，在素质教育中显得越来越重要。那么，在课堂教学中如何加强意志教育，提高学生的心理素质呢？

### （一）加强学习动机教育，培养正确的观念

学生的一切行动都受一定动机和目的的调节支配。加强学习目的、动机教育，不断提高学生的动机水平，有利于培养坚强的意志品质。在课堂教学中，可利用课文中描写的英雄模范人物，引起学生模仿的意向。如在学习《我的战友邱少云》中“邱少云壮烈牺牲”这一段时，学生们都被邱少云那顽强的意志所震撼，这时教师可以提出这样的问题：“战士邱少云在烈火中煎熬了半个小时，直到最后一息，也没挪动一寸地方，没发出一声呻吟。邱少云做到了常人做不到的事情，表现出惊人的毅力和钢铁般的意志。他为什么会具有惊人的毅力和钢铁般的意志呢？”引导学生认真思考、讨论，使他们明白邱少云那顽强的意志来源于坚定的革命信念和强烈的爱国情感。然后又因势利导启发学生：“作为90年代的青少年，你的理想是什么呢？”最后总结指出：“同学们的共同奋斗目标就是要学好本领更好地建设祖国。那么，在学习、生活、工作中不管遇到什么困难，我们都要以邱少云烈士为榜样，要以顽强的意志与困难做斗争。”这样，在引导学生加深对课文理解的同时，注意培养其正确的观念，为培养坚强的意志品质奠定良好的思想基础。

### （二）严格管理教育，培养自觉遵守纪律的习惯

养成自觉遵守纪律的习惯是良好意志品质的重点特征。在课堂教学中，不但要充分发挥学生的主体作用，让学生学得主动、学得活泼，而且要严格要求、管理教育，使学生养成自觉遵守纪律的习惯。教师每教一个班，都要根据班里的实际情况，制订课堂常规。例如，上课前要做好课前准备，书本、笔盒整齐地摆放在桌子的右上角；上课铃一响，学生要安静地等待教师来上课等。制度制订后，大部分学生都能遵守，只有少数自制力较弱的学

生，常常因不能控制自己的行为而违反纪律，对他们的违纪行为要及时提醒、示意，及时纠正。长期坚持严格要求，学生的自制力会逐渐增强，逐步养成自觉遵守课堂常规的好习惯。实践证明，严格管理教育，有利于增强学生的自制力，有利于培养学生良好的意志品质。

### （三）承认个别差异，采取不同措施，培养学生优良的意志品质

客观地说，当今学校不少教师对所有学生的要求都是一个标准，很少考虑到个性差异，而这种要求的结果就是教育方法的简单化，甚至出现粗暴行为，造成不良的后果。

针对意志品质上的差异，在课堂教学中应针对个别，采取不同的锻炼内容和重点。例如，对行动盲目和易受暗示的学生，应加强目的动机教育；对优柔寡断、冒险轻率的学生，应该培养其大胆果断、沉着耐心的品质；对缺乏自信心、萎靡不振和自卑感强的学生，应采用正面诱导法，充分调动学生的积极性；对于软弱和胆怯的学生，应着重胆量、勇气和献身精神的培养；对缺乏能力、缺乏恒心的学生，应着重激发其奋发有为和坚忍顽强的精神。在课堂教学中渗透意志教育，教师一定要爱护、尊重学生的自尊心，重在启发学生觉悟，使他们逐步养成自我检查、自我判断、自我批评的习惯。

## 三、教学要注重学生健康情感的引导

小学阶段是学生为未来的教育打基础的阶段。教师应该抓住这个时期学生的特点，努力改变教学的思路，积极探讨新的方法，以适应学生的情感需求。其实，教学应该是一门艺术，而情感教育是这门艺术的核心。良好的情感会给学生带来心灵的愉悦，不仅可以促使学生健康生活、调适心情、和谐交际，更能促进学生在学习过程中提升自己的人格力量，使素质教育通过对学生进行情感教育，从而得到真正的落实。在小学语文教学中，应该要以情感教学为主，让学生在人性化的教学中，感受到学习的快乐。语文教学离不开学生的情感体验，教师需要调动学生的情感因素，为语文教学服务，需要凭借教材中的情感因素，不断地引领学生感知体悟，激励学生在表情达意中培养学习能力、丰富情感体验、形成良好的情感品质。下面阐释在小学语文教学中对学生实施素质教育的几种方式。

### （一）从教材中的情感因素入手，充分激发学生求知的渴望

根据小学语文教材特点，教师在教学过程中应该挖掘课本中的情感因

素，采用适当方法来拨动学生的情感之弦，让学生能够感受到课文中的文字所表达的情和意，让他们能有一种如临其境、如见其人、如听其声的感觉，通过这种学习方式的引导让他们通过感知、感悟文章的内涵来丰富自己的情感。小学语文新课标人教版第二册中的《吃水不忘挖井人》，可以让学生想到老一辈无产阶级革命家的光辉形象，从对文章的感受、理解、认识来比较自己的幸福生活，从而感恩老一辈无产阶级的先驱们，能够更加奋发努力地学习。教师在课文讲解中，需要以比较的形式让学生感受到今天的幸福生活来之不易，使学生更加珍惜今天所拥有的一切，在情感上跟作者产生共鸣，以达到通过学习来实现教育的目的。

当课文所描述的景象在学生面前展现时，学生的情感也能够随之而生。他们伴随着教学活动，与课文同喜同悲，并能够感受到作者笔下人物的美好品质，在脑海中再现出文章所描述的情境。这种由学生因感而入的情感教学方式，使学生通过对课文形象的理解，更容易地接受语文教学，是更适合小学阶段的学习模式。这种以情代讲的学习，更胜于教师在课文中所进行的烦琐讲解，能让学生对学习语文的兴趣更加浓厚。

### （二）从教材中的教学情境创设着眼，充分激发学生的情感

想象在语文教学的情境创设中起着十分重要的作用，是通过学生的创造性思维来赋予课文生命力。教师引领学生通过课文描述的优美语言，依据自己已有的经验，在教学中让学生在头脑中对课文形成意象，从而透过语言文字的教学，达到表达情感的目的。这种通过教材来创设的思维情境，可以让学生有身临其境的感觉，让学生通过形象的表述，敞开自己的心扉，用心接受课文所描写的一切，以动态思维来感受文章中的艺术刻画。人教版新课标四年级《语文》上册中的《鸟的天堂》这篇课文在描写鸟的天堂时，开始从静态的角度来对“天堂”的外部形象进行描述，紧接着又从静态转为动态，进一步描写“天堂”的热闹场面，流露出作者的喜悦之情。课文的这种描写，很容易让学生插上想象的翅膀，使学生充分运用形象思维，感受到大自然的美。

学生的情感很容易受到外界事物的感染，就像一池子水，只要向其中投入一颗小小的石子，就能使它泛起波纹。教师在教学过程中，应该抓住感人的情节，让学生在特定的教学情境中用自己的眼睛去凝望、用自己的耳朵去聆听、用自己的心灵去体验，让学生在身临其境的感受中、在情景交融之中驰骋想象，充分调动学生的主动性和求知欲。

### （三）从教材的人文思想用心展现，充分调动学生的情感能量

在小学语文教学中，情感是教育的灵魂，是教育的目的。在小学语文情感教育中，教师要能够动之以情，学生要能够会之以情，这样才能达到师生之间心灵和心灵的契合，这是一种心灵和心灵交融的教育方式。小学语文教材里大多搜集的都是名家名篇，字里行间蕴含着作者丰富的情感。因此，教师在语文教学中，不仅要传授语文知识，还需要进行情感传递和情感教育。对学生进行情感教育，有利于全面提高学生的素质，让学生在学习中感受更多的人文思想，以人文思想来调动学生的情感。在学习童话故事《小蝌蚪找妈妈》时，可以让学生扮演不同的角色朗读课文，从而准确、生动、富有感情地表达出喜、怒、哀、乐等情绪，这样可以激发学生的兴趣，点燃学生情感的火花，让学生在人文思想中进一步认识和找寻自我。

语文教学往往可以通过文章的艺术性来展现作者所要表达的人文思想。通过人文思想让学生在教育中拥有积极向上的心灵。通过艺术的表达方式来学习课文，可以让学生更深刻地理解课文的内容。例如，用图画可以再现课文内容；用音乐可以渲染与课文相似的氛围，帮助学生理解课文所要描写的画面，以及各角色的思想、情感、语言和行为。

小学语文教学，应该成为学生情感的花圃，让学生的精神之花在其中绽放，能够让语文教学工作“活”起来，使作者、教材、教师、学生四者的情达到和谐统一、有机结合，促使学校的素质教育在教学工作中真正得到发展和落实。

# 案例教学：
# 小学课堂生发的应然路径

在“关注学生发展、培养学生核心素养”教育改革趋势的影响下，各国落实学生核心素养的一个重要方式就是基于核心素养进行课程体系改革。课程体系改革中难度最大的是学习方式和教学模式的变革，它要求课堂以学生为主体，学生主动学习、主动发展。案例教学在课堂教学中的应用就是基于促进学生核心素养发展的教学模式。针对教学现状，为了推进课堂教学改革，在教学实践中落实核心素养，广州市五区九校加上广州市一所帮扶小学共十所小学联合开展以“案例教学促进小学生核心素养发展的实践研究——以小学语数英课堂教学为例”为题的课题研究。

## 一、小学课堂教学中案例的内涵

没有案例，案例教学就无从谈起。案例是案例教学的主要内容。在案例教学中，学生课前自学、课中合作探究、课后拓展评价都离不开案例。案例教学最明显的特征就是使用案例。一个好的案例是将师生带入一场智慧对话的工具，是教师组织一次精彩教学活动的“导火索”，是学生明白一个道理、解决一个问题或掌握一种技能的助推器。由此可见案例在案例教学中处于核心的地位。

不同领域的案例问题教学专家也有不同的理解、不同的审视角度，他们对案例的描述也不尽相同。国外专家所指的案例，一般是指管理当中所发生的典型事例。案例一般是用文字把这个典型的事例完整地描述出来。国内企业、医学、法律、公安、军事等领域所指的案例，一般是指该领域所发生的典型的事例，用文字或录像把整个事件完整地记录下来，以供后人反思、借鉴或学习。国内教育领域所指的案例分为两大类：一类是教育培训类案例，是指一节完整的课例、一个完整的教育叙事故事，或者是一个教学设计、一堂课的笔录，专门用来培训师范生提高教学技能，将来成为合格教师的，重在分析案例中教师的教学技能。另一类是课堂教学中突破某一个知识点的实例，往往是以事实为素材，以图片、文字、视频、表演等丰富生动的形式来呈现的对某一典型情境的客观描述，是为了更好地完成课堂教学任务，提高学生的各项能力，以培养学生的各科素养为目标，重在通过案例提高学生的知识和技能，使其掌握方法，培养学生的情感态度与价值观。

本文中所指的案例，是在小学语文、数学、英语的一节课中，教师围绕新课程标准提出的单元或课文的训练重点，选择可以帮助学生在学习课文内容时突破某个知识点或重点、难点的一个典型的例子或一组材料。案例必须真实典型，能给学生带来一定的启示和体会，同时还需包含一个或几个疑难问题情境，并且包含解决问题的方法。另外，案例要与一般的例子有所区别。案例作为主线，从始至终贯穿于整节课，引导学生以这一个典型的例子或一则材料为切入口，按照知识点的内在逻辑和层级关系深入挖掘，发散思考，自主完成对知识的认知和理解，最终完成知识生成。这个例子既是教师教学的抓手，又是学生学习的入手处。而举例子主要是辅助教师教学的一种手段。这个例子可以用文字的形式来描述，也可以用微课、动画、视频、录像、故事等生动的形式来呈现。本文中所指的案例不包括整堂课的录像、教学设计、课堂笔录和教育叙事故事。

案例是带有普适性，在某一类中具有典型性，能解决问题、举一反三、触类旁通的例子。例如，桂林山水的录像不叫案例，但是桂林山水的浪漫主义写法是案例，以后写山水就可以按这个方法来写。又如，英语课中“开音节与闭音节的区别”的教学，学生学完后，今后遇到同类的问题就会正确区分音节以达到听、说、读英语的目的。数学课运用案例“微课《上下》”，让学生结合小鸟在天上飞、小松鼠在树上、小兔子在草地上这些具体情境和自己的体验描述小动物的位置关系，初步感悟“上下”位置关系的相对性，发展空间观念，以后遇到这种问题就能说出上下位置关系。判断一个例子是不是案例，关键看它能不能举一反三，今后遇到同一类问题能不能运用从这个案例中学到的方法去解决问题。

## 二、小学课堂教学中案例的开发

教学案例是案例教学的核心，是案例教学的载体。案例教学的效果与案例的质量有很大关系。教师首先要根据语数英学科课堂教学目标的要求和学生的身心特点来开发或选择教学案例，其次要选择学生难掌握的、容易错的内容来开发案例。开发的教学案例还应该是为学生熟知的、容易理解的。根据小学生的特点，开发的教学案例还应该是生动、具体、形象的，以便于学生从形象思维过渡到抽象思维。基于以上因素，教师在开发与选择案例时，要注意以下几个方面。

### （一）案例要针对教学目标

要依据本节课的教学内容，明确学习目标，紧紧围绕单元或课文的训练重点，针对学习重点、学习难点或某个知识点来开发或选择案例，目的要清晰、明确，针对性要强。

### （二）案例要符合学生知识水平

案例要符合学生的知识水平。一、二年级学生的认识过程中，无意性和具体形象性占有很重要的位置，他们好动，注意力不集中，思维还带有很大的依赖性和模仿性，因此一、二年级的案例要直观、生动、具体，便于模仿。三年级学生的自我意识逐渐发展，自觉性、主动性、持久性还比较差，思维正处于由形象思维向抽象思维过渡的时期，但仍以形象思维为主，模仿性强，是非观念淡薄，想象能力也由模仿性和再现性向创造性的想象过渡，良好的道德品质正在形成，但极不稳固。四年级学生正处于由儿童期向少年期转变的过程中，独立意识开始增强，也不满足于接受课堂教学，但自控能力比较差。因此三、四年级的案例较一、二年级有深度，既要生动形象，同时又要能启发学生思维，适当扩大学生的知识面，有意识地引导学生树立正确的人生观、价值观和世界观。五年级学生开始进入少年期，属于半幼稚半成熟交错的矛盾时期。他们自尊心增强，自主性要求日趋强烈，学习兴趣广泛，求知欲望、能力和好奇心都有所增强，对新鲜事物开始思索、追求和探索。开始关注社会现象，有自己独到的见解，但仍缺乏自我约束能力。六年级学生在小学处于大哥哥大姐姐的位置，独立意识和成人感增强，接触社会的面比以前广，吸取的信息也多，对社会现象和国内外新闻也比较关心，敬仰英雄和名人，但还不善于正确地判断和辨析。因此，五、六年级的案例要更具发散性，能给人启迪，引人深思。

### （三）案例要包含疑难问题

一个案例要呈现冲突性、高潮性，必须要有多处问题或者疑难问题出现。这是案例本身意义所包含的潜在亮点。要选择学生难掌握、容易错的内容来开发案例。比如，学生能自学掌握的知识就没必要开发案例；学生一看就明白的内容也没必要开发案例。学生能自学掌握的知识就放手让学生去自学，以培养学生的自学能力。绝大部分课文的重点、难点是学生较难掌握的，需要案例来帮助学生学习，但有些课文的重点、难点并不难掌握，反而有些知识点，例如数学的有些练习题也很有代表性，学生不会做，就需要借助案例来帮助学生学习，还比如有些生字新词很容易写错，有些练习题、语法也很容易错，更正许多次还是错，像这种类型的知识点就需要教师们开发一个案例让学生记住。一个优秀的案例会给学生留下深刻的印象，甚至对学生的人生都会有很大的影响。

### （四）案例要具体、形象、生动

根据小学生的心理特点，在课堂教学中，用生动、形象、具体的形式呈现学习内容，更能激发学生的学习兴趣，引起学生的注意力，唤起学生的感性经验和思想感情，便于学生理解抽象的事物，提高学生的理解能力和思维能力，以培养学生的核心素养。

## 三、小学课堂教学中案例的运用

### （一）案例教学的步骤

1. 围绕目标精选教学案例

本环节充分研究语文、数学、英语教材，调查学生接受知识的情况，根据教学目的、教学内容、教学目标、学生知识接受水平确定教材章节是否采用案例教学。案例的开发、编写是实施小学语文、数学、英语案例教学的基础和前提，小学课堂教学中的案例必须具有典型性、真实性、启发性和趣味性。

2. 案例推送课前自学

本环节体现了课堂的前置。学生阅读案例材料，查阅指定的资料和读物，搜集必要的信息，并积极地思索，初步形成关于案例中问题的原因分析和解决方案。

3. 重点突破师生课中探究

本环节进行“前置后移，课堂重构”的教学方式变革。课中时间交给学生陈述、答辩、反思，把课堂还给学生，让学生真正成为课堂的主人。具体操作方法如下：四人小组讨论→小组派代表陈述、小组其他成员补充→其他小组成员质疑→汇报小组成员答辩→教师点评→学生总结→课后拓展评价→板书设计。值得注意的是，语文课堂教学中运用案例教学时要将传统语文教学听说读写训练与案例教学结合起来，既保持语文的特点，又能开放课堂，让学生自主学习，在合作探究中感受语文的魅力。案例教学要灵活运用，切忌生搬硬套。

4. 评导引领课后拓展迁移

本环节体现课堂的后移。具体表现在：教师对课堂案例教学的总结，教师对学生课前、课中学习与表现的评价，学生对案例教学过程的认识与评价。

### （二）案例教学的方法

1. 案例讲授法

案例讲授法是以教师为主，通过教师或者学生对案例的讲解，说明课程内容，使案例与课程的基本理论融为一体，构成一个完整的课程内容体系。教学《鲸》时，针对《鲸》的教学难点“鲸的进化过程”，精心编制鲸的进化过程图作为突破这一难点的案例，同时在教学时应用了课中合作探究的方法。在这一环节，五个学生抢着上台做解说员，一个比一个说得全面、准确，课堂生成了一个破解难点步步推进，直至完全破解的过程，再通过另外五个学生的质疑、解说员的答辩，使学生们在这一活泼、轻松、愉快的学习探究过程中，对鲸的进化过程有了一个全面的了解，所涉猎的知识完全超出了书本内容，大大拓宽了学生的视野，丰富了学生的知识，同时也培养了学生的探究能力。整个过程都是学生在探究，教师没有说教，只是在关键时候起一个引导的作用。这个知识点的教学，实现了以学生为主体、把课堂还给学生、让学生做课堂的主人、培养学生探究能力的目的。教师也真正实现了角色的转换，由主导变为引导，由主角变为配角。

2. 案例模拟法

案例模拟法是一种模拟教学形式，是案例教学过程中比较生动的方法，使学生有身临其境之感，能够激发学生的学习兴趣。学生在案例模拟过程中仿佛亲历生活过程，产生真切的情感体验，自主地建构知识、拓展思维。在教学《动物王国开大会》这个童话故事时，根据一年级学生的特点，让学生扮演狗熊、老虎、狐狸、大灰狼、梅花鹿等动物角色，通过狗熊四次播报通知，让学生明白发布通知时把时间、地点说清楚很重要。又如，教学《詹天佑》时，为了突破“人字形线路设计”这一难点，借助动画的形式真实地再现青龙桥段“人字形线路”实况，生动形象地呈现了“人字形线路”的设计原理，帮助学生理解詹天佑的大胆设计，体会詹天佑针对不同情况采用不同方法的灵活的创新思维，以及创新设计来源于实践的意识，通过对案例的学习，提高学生的思维能力和想象能力，培养学生勇于开拓、大胆创新的精神。

3. 案例讨论法

案例讨论法是指在教师的指导下，以学生为主体对案例进行讨论分析，这是经常使用的方法，对小组的构成要有一定的要求，成员知识层次要有代表性。比如，案例“猜想列举法和假设尝试法——以《鸡兔同笼》为例”。案例“微课《鸡兔同笼问题》”中为了解决“鸡兔同笼”问题，教师设计了两个方法：第一个方法，教师假设吹一声哨，鸡和兔就抬起一只脚，再吹一声哨……直到脚减少到不能再减，让学生之间、组之间进行讨论，大胆猜测，不断验证，使全体学生初步建立头和脚之间的联系。由于猜想的局限性，让学生通过列举法，培养学生严谨的思维能力。第二个方法，教师假设兔子吃了仙草，又长出了一个头，现在每只兔子有两个头、四只脚。这样，兔子和小鸡的头和脚的倍数一样。再来推理计算鸡和兔子各有多少只。通过“鸡兔同笼”问题与实际生活相结合，让学生进一步感受我国古代数学的魅力。与生活实际相联系，进一步巩固本节课所学习的“鸡兔同笼”问题在实际生活中的正确理解与运用，使学生的逻辑思维能力和推理能力得到进一步的提升，培养学生的理性思维和勇于探究的科学精神。

4. 案例辩论法

对于正反含义或含义模棱两可、主张不鲜明的案例，可能有多种解决问题的答案。第二次实验课执教教师刘宝敏教师，执教人教版第十一册中《有的人》第一课时，第一次实施针对全文重点、难点共五个知识点编制案例，整堂课按照案例教学模式来实施。在执教的过程中，每一个小组陈述预习提纲上的一个问题，小组其他成员补充，其他组学生质疑，本小组成员答辩。案例微课《如何区分开音节与闭音节》中，教师首先用一首《英文字母歌》导入新课，营造良好的学习氛围。接着把 26 个字母分成势力孤单的元音部队和势力强大的辅音部队两支部队。把元音和辅音的相遇称为“两军交战”，学生们在教师设计的这个生动、形象、有趣的战斗故事中不知不觉学会了开音节与闭音节，并且记忆深刻，不但提高了理解能力和记忆能力，而且培养了乐学善学的核心素养。又比如，教学文言文《两小儿辩日》，推送案例《两小儿辩日》的动画，呈现两小儿辩日的情景，然后把学生分成甲乙两方，甲方持“以日始出时去人近，而日中时远也”的观点，乙方持“以日初出远，而日中时近也”的观点，开辩论会。甲乙双方各持观点，争辩激烈，气氛非常热烈，因为事先布置了学生上网和去图书馆查阅相关资料，所以双方辩论时论据非常充足，涉及天文、地理、物理、自然、人文等各个方面的知识，不仅大大地拓宽了学生的知识面，还培养了学生热爱科学、追求真理的品质，同时在辩论的过程中，让学生明白了看待事物可以有不同角度的道理。

5. 案例练习法

案例练习法是在课后和单元练习及考试时，把案例练习材料发给每一个学生，让学生独立思考，在规定的时间内做出自己的判断，然后在全班发言。教师执教《香港，璀璨的明珠》后，抓住“让学生能完整流利地口头表达”这个教学目标，创设情境，设计了“做小导游，口头介绍广州的一处景点”这个练习，学生们发言踊跃，有的仿照课文中描写海洋公园的片段介绍广州长隆野生动物园；有的模仿描写课文中“灯的海洋”段落介绍广州珠江两岸的夜景；还有的津津乐道于广州的特色美食，有声有色，令人神往。又比如，教《鸟的天堂》一课，为了让学生学习“点面结合”的方法学写场景，教师拍摄“鱼儿抢食”的激烈场面，在课堂上学习群鸟欢飞的热闹场面后，让学生以此方法仿写鱼儿抢食的场面。小组合作学习，完成学习纸，学习课文“点面结合”的方法，完成练习后，学生交流汇报。

实施案例教学，学生主动参与、乐于探究、勤于动手，搜集和处理信息的能力也得到了提高，生生之间、组组之间、师生之间的互动合作得到加强，提高了学生合作交流的能力，改变了学生传统的学习方式，取得了良好的学习效果。

## 四、小学教学案例库建立的作用

十所小学联合开发的公开的案例教学网站和微信号、丰富的教学案例库，为广大教师搭起了一个案例教学交流、讨论、研究的平台，为任课教师提供了一个选择丰富的教学案例的网络资源，这对加强学校合作、改善教学方法、提高教学效率有着重要作用。

### （一）建立小学教学案例库的背景

在大力倡导落实学生发展核心素养的当今，案例教学对教师和学生来说，可能是一件令人振奋的教与学的经历。然而，案例教学开展起来并不尽如人意，存在着局限性，表现在以下几个方面。

第一，案例教学资源比较匮乏。大量的、典型的、鲜活的案例是案例教学成功开展的前提。离开了案例，案例教学无法开展。20 世纪 20 年代，美国哈佛法学教师教育学院案例教学失败的一个主要原因就是案例教学资源的匮乏。

第二，案例教学对师生的要求都很高。教师要有高度的责任心、渊博的知识；要愿意接受新的教育观念，主动改变陈旧的教学方法；要亲自开发鲜活的、适合学生需要的案例。学生要变被动学习为主动学习，要能够主动在课前运用案例进行自学，课中主动与同伴进行合作探究，课后善于运用案例复习巩固，要培养自己运用案件资源主动学习探究的良好习惯。

第三，教师要花费大量的时间和精力去开发或选择案例，但教师的精力毕竟是有限的，如果单靠自己来开发案例，那么时间和精力就无法保证了。

第四，案例教学并不能满足所有学科的教学。比如，语文、英语学科重视朗读，重视培养学生的语感。数学学科重视培养学生的推理、逻辑思维能力，重视生活数学。如何将案例教学与语数英三科的学科特点有机结合，是一件很考量教师教学技巧的问题。任何一种教育教学方法都不是万能的，案例教学自然也是希望与困难同在，其本身也必然具有一定的局限。对于这一点，我们必须保持清醒的认识。因为只有认识到了，才有可能努力做到扬长避短，发挥案例教学的最大功效。

针对以上四种局限，学校课题组花了一个学年的时间建立了一个完整的案例库，同时在班级建立起合作学习小组，培养学生合作学习的习惯和能力，目的就是要突破以往案例教学的四大局限，使案例教学真正能够落地生根，开花结果。

### （二）建立小学教学案例库的价值

当今整个教育界遇到的热点问题是学校产品（课程与课堂）的转型升级，也就是学校供给侧改革。如何在课堂教学中落实核心素养，又是当今教育界的经典难题。基于互联网的教育公共服务供给变革将重构“互联网＋”时代的教育新生态，形成个性化、消费驱动的教育公共服务供给新体系。本课题提出开发“教育人人通”网站和微信公众号，初步建立案例库的设想。

目的有二：一是分享实验教师的研究成果，给教师和学生试用，提高课堂教学效率；二是提供给学生课外自学的一个平台。学生可以借助教师根据课文重点、难点或某个知识点精心编制的教学案例提前自学新课，也可以根据教师编制的教学案例补习在课堂上还未掌握的知识点，并且可以反复地看，反复地学，直到弄懂为止，也就是“慕课”。开发网站和微信公众号，建立教学案例库，让教师和学生有实在的获得感。

1. “教育人人通”微信公众号

“教育人人通”微信公众号包括精彩聚焦、慕课平台、互动社区三大主题，每一大主题下又分几个子题。“精彩聚焦”主题下分项目简介、研究成果、学术沙龙、推广应用、官方网站五个子题，其中“官方网站”与“教育人人通”网站对接；“慕课平台”主题下分语文、数学、英语三个子题；“互动社区”主题下分历史消息、家校互动、申请下载、我要投稿、使用指南五个子题，主要用来及时发布研究情况。

2. “教育人人通”网站

“教育人人通”网站包括“最新公告”“网站介绍”“成果展示”“学术沙龙”“教学实践”“慕课平台”“实验学校”“优秀案例”“沟通互动”“用户登录”十大模块。每一个模块下又分为几个子项。其中“慕课平台”下分“小学语文教学案例库”“小学数学教学案例库”“小学英语教学案例库”三个子项。“沟通互动”下分“教师调查问卷”“学生调查问卷”“教师访谈提纲”和“学生访谈提纲”。“教育人人通”网站功能强大，不仅涵盖了课题研究各个方面的情况，而且建立起了一个强大的语数英教学案例库，为案例教学的开展提供了基本的应用资源以及前提条件。

综上所述，基于小学学科课堂的案例教学，是以学生为主体，体现以人为本、以学生发展核心素养为本的教育改革思路。在语数英三门课程的教学过程中，编写富有启发性的案例，建立案例库，为教学提供丰富的案例。通过语数英课程的案例教学，构建培养发展创新精神和实践能力的教学方式和学习方式，鼓励学生对书本的质疑和对教师的超越，赞赏学生富有个性化的理解和表达，培养学生的核心素养。

# 阅读教学：语文课堂中学生成长的脚手架

## 一、阅读的方式

学生的阅读能力不强，与教师的阅读训练方法不当有关。主要原因是教师在指导学生进行阅读训练时缺乏必要的层级训练，总是片面或笼统地指导学生阅读。这样的阅读训练指向性不明，缺乏一定的层次性，导致学生虽然进行了阅读训练，但往往劳而无功，不能真正提升阅读能力。要想真正提升学生的阅读能力，教师在阅读方法的训练指导上就要关注层级训练目标，设立阅读的梯度。

### （一）自读

自由读课文是语文教学过程中最常用的一种学习方式，它具有形式灵活、生动、开放等特点。在阅读教学中，让学生自由读课文，可以增加学生语文实践的机会。因此，在阅读教学过程中，教师要根据教学内容的需要，设计出相应的自由读形式，使学生在自由读的过程中真正地放松自我，以达到精读活学的目标。一般来说，在阅读教学中，自由读的形式多为以下几种：快速立刻、精细阅读、大致浏览读、概括提炼读、美文赏析读。

如《金色的鱼钩》一课，作为一篇略读课文来说并不难懂，因此在阅读时，笔者更多的是让学生采用自由读的形式。当然，自由读并不等同于漫无目的地读，笔者主要提出了以下阅读训练目标：①自由读课文，并说说课文主要写了一件什么事。②概括提炼出你认为最能打动你的地方，用心读一读。③精细自主读，找出文中自己认为值得品味咀嚼的语言，自由朗读。自由读的形式不同、指向不同，有效避免了学生自由读时感到乏味的现象发生，学习效果显著。

在这个教学案例中，根据课文内容浅显易懂的特点，笔者更多地采取了自由读的形式。与以往自由读不同的是，在这一自由读的过程中，笔者提出了明确的阅读目标，朗读形式自由灵活，给学生提供了自己充分思考的时间与空间，因而教学效果更加显著。

### （二）悟读

所谓“悟读”，就是指学生在自读的基础上，获得对文本内容深层次理解的过程。悟读通常有以下几种方式：充分地品味与感悟文本；从语言训练的角度丰富文本内容；在反复阅读的前提下获得对文本的深刻理解；对重点段落、精彩语句的品读；依据课文特点，适当进行一些穿插、补充、收集、整合、交流、研讨等活动；采取不同教学手段，优化对课文的品读过程。悟读是学生必经的一个阅读阶段，教师一定要灵活把握、处理与应用。

如教学《慈母情深》一课，对于这样一篇情感浓郁真挚的文章来说，如果学生在阅读时不能细细品味感悟，就很难真正领会到作者所要表达的深刻内涵。因此在教学时，笔者的主要目标是引导学生抓住关键词句，用心品味文本。在具体阅读时，笔者是这样引导学生的：“阅读课文中描写母亲神态、动作、语言的语句，并仔细揣摩、品味，然后说说你从这些语句中读懂了什么，领会了什么。”这样一来，在笔者的引导下，学生从“一对眼神疲惫的眼睛”中感悟到了母亲工作的辛苦，从“我挺高兴他爱看书的”这句话中感悟到了母亲对“我”学习的支持以及母亲的深明大义，等等。就这样，学生在逐句逐段悟读的过程中，不仅读懂了课文内容，而且获得了对母爱的深刻认识。

由此可见，在这个教学案例中，悟读可以使学生的阅读不停留在表面，而能够深层次地认知文本。因此，在阅读训练中，在指导学生阅读时，教师要能够引导学生围绕具体的语句去阅读、去感悟，这样学生对课文的理解认识才能向更深处发展，进而提高阅读能力。

### （三）美读

所谓“美读”，就是指学生在朗读的基础上阅读课文，把教材文本作为一种特殊的阅读材料，通过阅读感受到文本内容所隐含的隽永之美、阳刚之美、铿锵之美、柔顺之美等，并在阅读的过程中真正体会到文章的神韵、气势与风格等。只有这样，学生对文本的理解才能更加透彻。语文教材中有许多文质兼美的文章，美文就须美读。美读可以说是语文教学的基础，更是阅读的关键。因此，教师要根据教学需要，引领学生在入境入情的美读中领略到美好的情感，受到心灵的熏陶，完善健全自己的人格。

如在教学《桂林山水》一课时，笔者是这样引导学生进行美读的："这篇课文写得美吗？请大家再次阅读课文，从文中找出具体描写桂林山水美的词语或者句子，并用'桂林山水美在……'的句式说话，要求至少说出两点以上。"在明确的阅读目标引领下，学生认真阅读，踊跃表达。有的学生说："我喜欢漓江的水。漓江的水静、清、绿，太美了。"有的学生说："我喜欢桂林的山。桂林的山太奇特了，太险了，看起来与众不同，给人们留下了深刻的印象。"还有的学生说："《桂林山水》这一课的语言太独特了，一个个四字词语读起来朗朗上口，太美了，我想把它们记下来。"就这样，当学生带着欣赏的眼光去阅读文本时，文中的语言文字就会在学生头脑中变得更加鲜活，在美读中被赋予不一样的精彩。

在这个教学案例中，对于《桂林山水》这样一篇优美的写景文章来说，如果教师在教学时只关注教学内容而忽视了对文本的美的欣赏，将会是对美文佳作资源的极大浪费。因此在教学时，本着"美文须美读"的原则，教师一定要引导学生细细品味，使学生从中领略到文字的无限精彩，丰富学生的阅读体验。

### （四）延读

所谓"延读"，简单地说就是延伸阅读。语文课堂教学的结束并不是整个语文学习的终结，语文教材中的文本内容往往与社会生活之间存在着千丝万缕的联系，根据教材内容引导学生适当地拓展阅读，不仅可以加深学生对课文的理解认识，开阔学生的视野，还可以培养学生自主阅读的能力，让学生养成良好的学习习惯。因此，教师要鼓励学生延伸阅读，读得深、读得广，为全面提升语文素养打下基础。

如《新型玻璃》这篇课文，主要就五种新型玻璃的用途及其特点进行了详细描写。这几种新型玻璃分别是指"夹丝网防爆玻璃""夹丝玻璃""变色玻璃""吸热玻璃""吃音玻璃"。教材编排的目的主要是通过对这些知识的了解，激发学生学科学、爱科学、用科学的兴趣。因此，在课堂教学时，教师不应把学生的思维固定在文中仅有的几个例子上，而应该以此为基础，引领学生走向更加广阔的科技领域。在阅读材料的选择上，笔者鼓励学生从以下几方面来选择：玻璃的种类有哪些？火车上为什么要安装双层玻璃？玻璃的历史来源是什么？玻璃在未来科技领域会有怎样的发展？等等。教师从这些方面引导学生进行延读，不仅可以增加学生的阅读兴趣，还可以开阔学生的眼界，丰富其所学知识。

在这个教学案例中，笔者根据文本特点，除了让学生读懂课文中的知识以外，还从拓展的角度指导学生读懂文本，在拓展材料的选择上紧扣课文内容，使学生在延读中认识、了解相关知识，从而有效地提高了学生的阅读能力。

阅读训练是学生语文学习过程中的重要学习内容，要想使学生从中获得更多有价值的信息，教师就要在平时的阅读指导上下功夫，让学生真正经历从自读、悟读到美读、延读的过程，并且注重检查落实学生读的效果。假以时日，学生的阅读能力定会得到极大提升。

## 二、阅读的艺术

一位语文教学研究专家这样诠释朗读的内涵：朗读是综合，是跃出纸外，是融会贯通，是显现，是活的，如同赋予作品以生命。阅读教学，读是根本。从这个观点出发，阅读课应该上成名副其实的“读书课”。读书课是不是一堂课多读几遍，甚至恢复以前私塾式的死记硬背的教学模式呢？不是。基于《全日制义务教育语文课程标准（实验稿）》（以下简称“新课标”）和《广州市义务教育阶段学科学业质量评价标准》（以下简称《评价标准》），如何提高课堂教学的有效性，减轻学生学业负担，提高小学语文教学质量？对于小学语文阅读教学中“读”的艺术，笔者做了如下探究。

### （一）读看结合，多感官协作提高阅读实效

朱熹说：“读书有三到，谓心到，眼到，口到。”课堂上，要大胆解放眼睛、嘴巴，将“读”与“看”结合起来，激起学生参与学习的兴趣。

文字是教材的核心部分，听说读写训练都要以文字为依据。没有文字，也就不成其为书，也就不成其为课文。阅读教学是让学生“读懂”课文，而不是听懂课文。阅读教学中，以视觉和知觉为起点的读是必须强化的。

文字教材既可以给读者提供直观的形象，也可以给读者留下想象的空间。但是读的方法不同，读者对文字的理解深度不同，留下的印象也不同。读的方法，按阅读范围可分为通读、选读、参读等，按阅读程度可分为略读、精读、品读、复读等，按阅读频率可分为速读、缓读等。读法不同，读者看的情况也不同。选读、参读、略读或速读时，眼睛看文字的速度就快，

对文字只是粗略地理解，对课文内容也只能做到大致了解。而通读、精读、品读、复读和缓读时，眼睛看文字的速度相对来说就慢多了，基本上能做到理解了看的内容，甚至品透了看的内容才转换视线。因此，不同看法，对理解文字也有很大影响。在读文章时，我们就要选择恰当的读法和看法，以达到预期的目的。

### （二）读背结合，积累才是语言学习的真功夫

综观“新课标”要求，阅读教学不仅要做到充分地读，还要做到多背优美词句或文章。阅读教学中的读和记要紧密结合才能发挥作用。

1. 多读，能为牢记提供强有力的保证

“读书百遍，其义自见。”任何一篇课文的教学，都需要学生多读，而且要读得充分。多读不是盲目地读，教师要教给学生朗读的方法。相对于传统课堂，现在要变听懂为读懂，真正做到读有所获。

多读主要体现在：读的内容多，读的形式多，读的次数多，读得透彻。例如，在指导学生读《故乡的杨梅》时，笔者充分让学生或仿读，或赛读，或带着问题读，或创设情境读，或分角色读，或齐读，或指名读，或分组读。学生参与率要高，朗读的分量要大，在读的方式上注重多样化，以提高学生读的兴趣。此外，读也要有重点，对文中重点段落要多读，有时甚至让学生读一句话，如“我爱故乡的杨梅”；有时让学生读一个词，如“欢笑”“挂满”“触到”“染满”等。课文读熟了，就能为牢记课文内容提供强有力的保证。

朱熹还说：“大抵观书须先熟读，使其言皆若出于吾之口；维以精思，使其意皆若出于吾心，然后可以求得尔。”可见，朱熹提倡多读多背。读背结合，才能做到心中有数，运用自如。

2. 善背，是提高读的效率的有效方法

背诵可以帮助我们加深对课文内容的理解，提高阅读能力，锻炼记忆能力，还可以帮助我们积累词语，体会用词造句、布局谋篇的方法，提高作文能力。教师应教给学生背诵的方法。

（1）分段法，就是各个击破，一段一段地背。这种方法适合篇幅较长的文章，如《富饶的西沙群岛》《草原》等。

（2）抓重点词句法，就是抓住每段中的重点词句来背，再慢慢地串成一篇文章。如《鸟的天堂》写大榕树的“美”的两段文字，就可以抓住“枝干”“根”“树枝”“绿叶”“颜色”等关键词语来背。

（3）抄写法，就是边抄边记。这种方法适合背诵古诗。如《登鹳雀楼》等。

（4）抓线索法，就是记住这篇文章的线索，如事情的起因、经过、结果，时间的推移，地点、方位的转换，写人的几件事，写物的几个部分，先总后分、先整体后部分等线索。只要理清了线索，背诵自然就容易了。如《记金华的双龙洞》《桂林山水》《长城》等。

（5）重复法，也叫复习巩固法。即背过之后，过一段时间再去复习，经常记记，就能牢牢地记住它了。

（6）列提纲法。如《卖火柴的小女孩》一文，只要根据思考练习题“小女孩几次擦燃火柴？每次擦火柴的原因是什么？她看到了什么？”列出提纲，理清思路，就能很快记住课文内容。

学习书面语言的“捷径”是直接把前人写好的规范精美的书面语言熟读成诵，“变成”自己的语言。因此，古人说：“熟读唐诗三百首，不会作诗也会吟。”只有读记结合，才能积累语言，语感才能得以不断积淀，学生的语文素养自然形成。

### （三）读思结合，珍视阅读中迸发的个性火花

古人说：“以读知义，以读明语。”学生在阅读过程中，不免要以课文提供的形象为依据，通过自己的思维活动，展开丰富的想象和联想，进行阅读理解和再创造。学生总会以自己的思想认识、情绪态度、兴趣爱好来评价赏析，因此对同一篇课文或同一个人物，往往会产生不同的感受。学生的这种极具个性的评价和赏析，有时会超越课文希望说明的道理，产生“超文本”的效果。在这种情况下，教师不应拘泥于统一认识，只要没有大错，就应当尊重学生的独特感受。

### （四）读说结合，将思维训练嵌进语言训练的最佳突破口

阅读教学中对学生进行说话训练是语文教学的重要组成部分，读说结合是阅读教学成功的又一个技巧。阅读教学中常用的读说结合训练方式有以下几种：

（1）朗读背诵与说话。朗读背诵也是说话训练的一种方式，主要用于训练语感体验和语音表达，也可以丰富词汇、训练记忆和培养审美。要在理解课文内容、明确训练要求、掌握诵读方法的基础上进行，才能增强训练效果。

（2）读与复述。复述的前提是熟读课文。当然，复述之后，可以再读，

如此重复几遍，可以加深对课文的了解和记忆，便于更优质地复述。复述，可依据“详细复述—概要复述—创造性复述”的递进序列，从模仿到创造、从依赖到能动地进行信息的变换，以便利于发展学生的形象思维、抽象思维、求异思维。

（3）读与答问。在一堂课中，有时先让学生根据读的内容提问，再让学生读课文来回答；有时先让学生读课文，再根据读的内容提问回答。不论是哪一种方式，学生都离不开读，要想答问必须读，而且只有在熟读的基础上才能解答问题。如果教师提问得当，提问得法，能调动学生的积极性，就可以使读与问答成为练说最常用、最实用的训练手段。

（4）读与讨论。先带着问题读，再自由讨论。讨论之后，再读读讨论的内容，反馈自己讨论的结果是否与读的目的相同。讨论这种形式，训练面广，信息交换比较充分，是大面积训练说话能力的有效办法。

阅读教学中，“说”是“读”的发展，是“读”的延伸和拓展，读说结合是培养学生素质不可或缺的又一环节。

### （五）读写结合，使语言智慧在读写结合中得到快速提升

1. 把握阅读时机，渗透写作知识

写作教学只有与阅读教学密切配合，才能有效地指导学生习作。在熟读课文的基础上，教师要引导学生了解作者的写作思路，与学生一起探究文章的谋篇布局和层次，指导学生学习文章是怎样遣词造句以及有哪些其他的表现手法。如《美丽的小兴安岭》一课，作者按时间顺序，先总体讲小兴安岭的树多，“像绿色的海洋”，再按四季分别讲小兴安岭的景色，最后总结：“小兴安岭是一个美丽的大花园，也是一座宝库。”在阅读教学时，教师应授之以法，做好读书迁移的训练，要着重抓住以下几点：一是引导学生体会小兴安岭美丽富饶的特点，弄清小兴安岭四季的景物特点以及丰富的特产。二是引导学生理清课文叙述顺序，学习作者按照一定时间顺序抓住事物特点进行观察和表达的方法。阅读时，一定要抓住表示时间的词语和过渡句，让学生体会这些时间词语和过渡句能够使文章层次清楚的效果。学生在阅读中抓住了它就能正确理解课文，又能悟出写作的方法。这样既开发了学生潜在的智力，又提高了学生写作中的悟性水平。学生只要在阅读中抓住了段落层次，就能体会出观察顺序与写作特点，起到借鉴作用。

2. 开阔阅读视野，激发写作欲望

阅读，能够启迪学生的思维，开拓学生的创造思路。实践证明，学生阅

读理解能力越强，写作思维就越活跃，写作思路也就越宽。如教学《凡卡》时，学生通过反复地朗读课文，从凡卡写信和联想的内容中，了解凡卡的悲惨命运，读出了凡卡的思想感情：凡卡回想爷爷守夜和砍圣诞树的语句，表现出他对幸福生活的渴望、对乡下生活的怀念；凡卡在信中说的话，表现出了他的痛苦、绝望、对黑暗社会的憎恨、对自由平等社会的向往。学生读通、读懂了课文，也有所感悟。这时要趁热打铁，进一步发散学生的思维，要求学生想想凡卡的结局会怎样，有什么心里话要对凡卡说。先想清楚，再写下来。笔者提出要求之后，有个学生续写了凡卡的结局。他认为，凡卡写的这封信，他爷爷是收不到的。凡卡写好了信封“乡下爷爷收”。虽然他想了想，又“添上几个字”，但地址不详。这告诉我们，凡卡提心吊胆、好不容易有机会写成的这封信，关系到他的命运，却是一封爷爷永远无法收到的“死信”。有的学生把自己要对凡卡说的心里话写了下来。有的学生说：“童年，对于我们来说，是美好的，可对于在沙皇反动统治时期的你来说，却是悲惨的。这是多么大的差别呀！”有的学生说：“读了你的故事，使我想起了我们的日常生活。我们是生长在社会主义中国的儿童，是多么幸福呀！党无微不至地关怀着我们的成长。在家里，有父母的照管，在学校里，有老师的教导。我们像小鸟似的自由自在地飞翔，我们的生活多么美好啊！可是有的小朋友还不懂得珍惜现在的幸福生活，整天沉迷于游戏机室，不爱学习，不爱劳动，过着饭来张口、衣来伸手的生活，与你比起来，多么惭愧呀！”有的学生说：“凡卡，我多么想把你接到我家来，给你吃最好的东西，给你买一套最漂亮的衣服，让你和我们一样去上学，在社会主义温暖的大家庭里幸福成长。”说写能力包括观察能力、感受能力、思维能力、表达能力等，联想和想象能力贯穿其中，并且发挥着巨大的作用。联想和想象能力极大地拓展了人们的思维空间。正是由于它们的作用，才使得写出来的文章多姿多彩，充满诗情画意。在续写凡卡的结局中，在对凡卡说心里话时，无不显露出学生想象的光芒、创新的意念。

小学语文教学应立足于促进学生能力的发展，为他们的终身学习、生活和工作奠定基础。阅读教学是一门艺术，“读”是阅读教学艺术中重要的组成部分。“读”的艺术应该成为广大语文教师共同探究的课题。什么时候，在阅读课中真正做到读看结合、读记结合、读悟结合、读说结合、读写结合、读得充分，上成高质量的“读书课”，那阅读教学的质量才会真正得以保证，阅读教学的有效性就能不断提高。

## 三、阅读中的“综合性学习”

21 世纪对人才提出了多元化和可变性的要求，这使教育面临着严峻的挑战。进行“综合性学习”是为未来社会培养具有综合能力人才的需要，是为了解决有限的学习时间和无限增长的知识的矛盾的需要，是适应学生未来发展的需要。

语文课程是综合性很强的课程，它的任务是全面提高学生的语文素养。长期以来，我国语文教学未能发挥语文学科所固有的“综合性”的特点和优势，忽视了学生语文综合能力的培养。因此，我们有必要加强语文“综合性学习”，这是当前语文课程改革的需要。

正是在这样的背景下，新课标明确提出了语文“综合性学习”的要求，把语文“综合性学习”列入基础教育的各个学段，成为语文课程目标体系中重要的组成部分。

探索阅读教学中的“综合性学习”，主要指在阅读教学中，通过研究阅读教学中语文知识的综合运用、学生听说读写能力的整体发展、语文学科与其他学科之间的沟通、阅读内容与社会生活的广泛联系等问题，提高阅读教学效率，促进学生感悟、理解、欣赏和评价等阅读综合能力的发展。

传统的阅读教学，从学习内容上看，片面强调书本，特别是课本的学习；从学习方法上看，过于注重知识的记忆和技能的机械训练；从学习功能上看，听说读写四项能力割裂失衡，语文知识、技能的学习与“人”的整体发展背离，造成阅读教学质量低下，引起社会各界广泛关注。因此，在新一轮的教学改革中，我们有必要开展阅读教学中“综合性学习”的探索。

### （一）阅读教学中教学目标综合的课型研究案例

在识字与写字、阅读、写作和口语交际这四个方面的学习目标的综合课型研究案例有一年级新课程实验教师执教的《识字四》《小小的船》《雨点儿》《地球爷爷的手》，比较突出地体现了知识和能力、过程和方法、情感态度和价值观三维目标。

### （二）阅读教学中教学内容综合的课型研究案例

新课标基本理念提出：“应拓宽语文学习和运用的领域，注重跨学科的学习和现代科技手段的运用，使学生在不同内容和方法的交叉、渗透和整合中开阔视野，提高学习效率，初步获得现代社会所需要的语文实践能力。”

综合的范围包括语文学科与其他学科内容的综合、与学习和生活的综合等。在选择综合的内容时要做到“三个贴近一个融合”，即贴近教材、贴近学生、贴近生活，注重学科之间的融合。

例如：学习《小壁虎借尾巴》一课，教师在集体备课时充分考虑了上述要求，先通过让学生回答“小壁虎爬到哪，看见谁，怎么借尾巴”的练习弄清段落结构，再进行语言文字训练，培养学生的对比分析能力和归纳能力，然后通过与思想品德、实际生活结合的小游戏，如“小壁虎怎样借尾巴才算有礼貌？我们在日常生活中怎样有礼貌地向别人借东西？”的练习，加强语言文字的训练，让学生受到思想教育，利用语文知识解决生活中的问题。通过师生共同总结学法，小组自学其他的段落，让学生自主学习，懂得学习方法的运用，注重自学能力的培养。除了让学生了解书上提到的三种动物的尾巴的作用外，还要学生举例说明其他动物尾巴的作用，对学生进行归纳推理的思维训练，培养学生观察生活、发现生活的能力。接着进行小小解说员的练习，让学生仿照第三自然段的写法说一段小壁虎向其他动物借尾巴的话，培养学生的口头表达能力和创新能力，把学生学到的知识转化为能力，让学生获得成功的喜悦，大大地提高了学生的学习兴趣。最后让学生以四人小组为单位，小组长分配角色，加上自己的动作、神态演一演小壁虎借尾巴的情景，帮助学生深入理解课文的内容，培养学生的团队精神，让学生通过表演、评价、比较，加强学生对语言文字的感受和体验。

### （三）阅读教学中学习方式综合的课型研究案例

通过研究，我们发现阅读教学中的学习方式的综合既是书本学习和实践活动的综合，也是接受学习和探究学习的综合，既有课内的学习，又有课外的学习。在语文课上学到的能力，也在实际运用中得到锻炼，课内的学习在课外得到延伸。学习方式的综合可在课前、课中、课后三个时段实施。课型研究案例有：一位教师执教《飞夺泸定桥》一课。课前，教师先布置学生通过上网、到图书馆等查阅红军长征的有关资料，让学生在课堂上展示和介绍，扩大学生的知识面，以达到课本知识与课外知识的结合，提高了学生查找资料的能力。有位教师教完《李时珍》一课后，注重知识的扩展和延伸，结合学校的百草园特色，让学生采集草药，制作标本，课上让学生展示学习成果，仿照课文内容，结合实际，介绍采集草药过程中的酸甜苦辣和草药的性能功效，以培养学生动脑、动口、动手的能力。

另外，在课中，根据课文内容，可设计多样化的学习方式，如小组合作、表演、实验、绘画和游戏等。学习方式的多样化能激发学生的学习兴趣。如一位实验教师教《镜泊湖奇观》一课，在学习了几个景点后，让学生当小导游，用自己的话介绍文中提到的景点或自己曾经游玩过的景点。学生表达的积极性很高，也能运用以前学过的优美词句进行介绍，通过表情、动作感染其他的学生。另一位教师执教的《黄山奇石》，通过绘画、小组合作学习、表演等学习方式的综合，大大提高了学生的学习兴趣，取得了较好的教学效果。

# 第三部分

## 特色：学校建设的理想境界

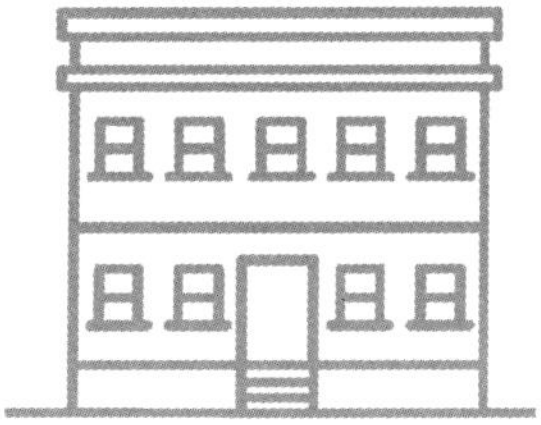

理性的思考、理论的支撑、理念的张扬、理想的坚持，对于一个教育者来说，这是自我完善与前行的四重境界，无法省略；而对于一所学校而言，这是自我特色打造与品牌提升的四种维度，不可或缺。

教育的终极目标是成就人，让不同的生命个体都能得到科学的指引，体验成长的幸福。而这仅靠知识的传授与升学考试是无法达成的。因此，在一定的人文关照下自我的苏醒、自主的探求、自觉的实践再到自我的重构，成为无论是学生、教师抑或学校拔节向上的根本路径。

我们建设有灵魂的学校，必须以文化为指引，从学校自身的实际出发，整合各方资源，在此基础上确定项目选择，再由项目延伸至特色打造，再由品牌的打造回归文化提升，由解构到建构再到解构，由实践到反思再到实践，由文化到特色再到文化，不断前行。学校必将因文化内涵的浸染而成为特色十足的美丽风景。

# 明德与契合：社会主义核心价值观引领下的小学校园文化建设

“大学之道，在明明德，在亲民，在止于至善。”学校教育的目的就是达到这种“至善”。传统教育理念和现代教育理念是相通的。现阶段小学教育以培养学生的良好习惯、学习兴趣，树立正确的人生观、价值观为主要目的，而要实现这种“至善”、完成小学阶段的教育目标必须具有一定的环境和氛围，这本身就是校园文化建设的要义之一。校园文化建设是整合了物质、精神和制度在内的综合文化建设，各个要素之间整合形成的良好氛围，是学校教育理念和教育价值观的直观反映。小学的校园是教师和学生生活、学习的主要场所，再加上小学生处于人生观、价值观的形成期和良好习惯的养成期，因此，校园文化建设直接关系到学校培养什么样的人、怎样培养人的问题，关系到学生社会责任、创新精神和实践能力的养成。“文化是一张强有力的意义之网，确证着人与人之间的一种关系性存在。学校的成员所共享的信念、价值观、态度、假设等是学校文化的深层结构。”①

## 一、社会主义核心价值观指导小学校园文化建设的必要性

首先，小学校园文化建设缺少核心意识形态的指导。师生在求知、求美、求真、求乐的过程中，构建科学、合理的校园文化，必须具有一定的指导思想。中国传统的教育体系对教育环境非常重视，遵循的是儒家的忠孝礼

---

① 李红霞. 国外学者关于文化与学校文化的理解与启示［J］. 外国教育研究，2007（2）.

义，学生从小就生活在传统的“尊尊、亲亲”的礼法规则之下。《弟子规》《二十四孝图》等教义成为传统学校校园软文化建设的主要教条。当代的小学校园文化建设秉承社会主义教育的主要理念，是促进学生全面发展的必要的因素，这正是马克思在《关于费尔巴哈的提纲》中指出的教育环境与人的全面发展的关系，“人是环境和教育的产物”。但是，学生毕竟不是生活在真空之中，纯粹的象牙塔式的教育理念面对物欲横流的社会大环境，显示出了迷茫和无措，社会大环境和校园小环境表现出了明显的错位。当代中国社会转型的内容之一就是价值观念的转型，随着价值观念由过去的高度统一转向分化，由过去对精神境界的高度关注转向物质追求，由过去的取义弃利的单向性转向求利而取义、取义而弃利、求利而舍义的多向性。从小学生到大学生，在德育的环境养成方面表现出了一定的价值错位。再加上文化多元化的影响，小学校园文化建设表现出了明显的断层和“孤岛”现象，校园文化建设的硬环境和软环境建设方面明显缺少核心意识形态的指导，具体表现就是当代小学生在德育、情商构建方面的失衡，缺少团体意识，自私自利，没有理想信念，盲从大于思考，以个人为中心，更不用说国家民族精神的弘扬了。而这些问题的存在，除了应试教育背景下小学教学过程的“初中化”之外，校园文化建设的单薄和核心价值理念的缺失也是重要的原因。

其次，社会主义核心价值观融入小学教育是时代发展的必然要求。党的十八大报告提出，要加强社会主义核心价值体系建设，“倡导富强、民主、文明、和谐，倡导自由、平等、公正、法治，倡导爱国、敬业、诚信、友善，积极培育和践行社会主义核心价值观”。社会主义核心价值观是社会主义核心价值体系的内核，体现着社会主义核心价值体系的根本性质和基本特征，反映着社会主义核心价值体系的丰富内涵和实践要求，是社会主义核心价值体系的高度凝练和集中表达。“富强、民主、文明、和谐，自由、平等、公正、法治，爱国、敬业、诚信、友善”，这二十四字是社会主义核心价值观的基本内容。教育部在学习习近平总书记“五四”重要讲话精神时强调，要“把学生全面发展的总体要求和社会主义核心价值观有关内容细化为学生发展核心素养和学业质量标准，融入大中小学各学科课程标准、教材编写、考试评价之中，构建大中小学有机衔接的课程教材体系，推动社会主义核心价值观进教材、进课堂、进学生头脑”。小学教育阶段是进行社会主义意识形态构建的关键时期，将社会主义核心价值观融入小学教育过程是时代发展的必然要求，而小学的校园文化建设作为教育过程的重要外因和重要组成部分，必然是社会主义核心价值观教育得以开展的重要载体。

## 二、社会主义核心价值观指导小学校园文化建设的几个原则

社会主义核心价值观作为当代社会主义意识形态的核心内容，对小学校园文化建设的指导意义不是口号式的政治宣传，也不是简单地将政治标语张贴于小学校园宣传栏内，而是潜在的、宏观的，植根于小学教育阶段的教学实践和小学生的成长实际，以促进小学生的全面健康发展为依归。

首先，社会主义核心价值观的指导应植根于小学教育的实践过程。社会主义核心价值观的指导应该是在认真研究小学教育的特点和小学教育目标的基础上，有所侧重地开展校园文化建设，改变相关的文化教学理念，打造相应的文化氛围。例如，小学阶段的学生感性认识比较丰富，如果将生硬的理论概念灌输给他们，不仅发挥不了社会主义核心价值观的价值观塑造作用，还会引起小学生本能的抵触心理。小学教育的特点也决定了小学阶段的主要教育目的是价值观念的初步养成。因此，将感性的、生动的教育实践与社会主义核心价值观有机融合，是当前校园文化建设的重点。目前，一些教育理念比较先进的地区，在校园文化建设与社会主义核心价值观融合方面，提出了一些先进的理念和方式。例如，结合中国传统节日，组织学生开展演讲、唱诗、书写比赛等活动，并将成果在校园里进行展示。这样做，一方面能彰显学生的才华，唤起其参与意识；另一方面也使这些活动中蕴含的主流意识形态得到了很好的表达。特别是在国庆节或者党的生日时，张贴学生制作的标语、展示学生创作的红色体验作文、组织红色经典阅读或者红色景点参观活动，都能体现小学校园文化建设的红色意义。每所小学的校园文化建设各具特色，只要将社会主义核心价值观与小学的具体实践相结合，必然能实现核心价值观指导的常态化。

其次，社会主义核心价值观对小学校园文化建设的指导意义必须坚持以人为本，充分重视学生的个体存在。培育社会主义核心价值观就是要弘扬共同理想，归根结底是要促进学生的全面健康发展，而不以学生的发展为最终目的的空洞的理论教义，是对校园文化建设的谬误。社会主义核心价值观的具体化必然要和小学生的发展实际相结合，融合到小学生的日常行为方式当中去，才能发挥社会主义核心价值观对小学校园文化建设的指导作用，让小学生发自内心地去领悟、去体味社会主义核心价值观的文化和价值真谛，让小学生的内心深处乐于接纳，并且乐于去感受社会主核心价值观的价值指导魅力，才能形成理论指导的内驱力，也才能为小学生的全面发展奠定良好的价值基础。现在很多小学在校园文化建设方面，推出“体会式”校园文化，

就是以小学生作为校园文化建设的主体，将社会主义核心价值观融入到这些校园文化中去，让小学生通过自己的视角和思维方式去感悟校园文化的影响力。“通过各种社团课程和节日的设置，打造一种体验式校园课程文化，争取让每一节课都成为孩子们喜欢的课，让每一个老师都成为孩子们喜欢的老师，让学校成为每个孩子都向往的地方。”

社会主义核心价值观对小学校园文化建设的指导以促进小学生全面发展为目的。将社会主义核心价值观融入校园文化建设，形成良好的学习氛围，让学生在快乐学习的同时，又有价值理念的指导和规范，必然能促进小学生的健康发展。

## 三、社会主义核心价值观指导小学校园文化建设的实践

社会主义核心价值观对小学校园文化建设的指导不仅有章可循，而且形式多样。结合社会主义核心价值观，国内很多小学形成了自己的校园文化建设特色，在硬环境和软环境建设方面都开展了极具特色的实践活动。

### （一）巩固制度，提供保障

俗话说：“没有规矩，不成方圆。”小学生所处的特定阶段决定了小学校园文化建设必须重视制度建设，以制度厘定小学生的行为准则尤其重要，这也是发挥制度文化育人功能的重要途径。现阶段，家长对孩子的溺爱心理泛滥，新教育理念对孩子主体性前所未有地强调，“一切为了孩子，为了孩子的一切，为了一切的孩子”成为时尚的标语。对小学生不敢管，不知如何管，成为很多小学教师面对的共同难题。结合社会主义核心价值观，将《小学生守则》《小学生日常行为规范》“八荣八耻”进行解读和强化就成为必须，可以通过制定班级公约等方式，以班级制度的形式将价值观和是非观进行界定，让小学生在学习、生活中养成优良品质，处理好与他人、与社会的关系，形成积极向上的班级氛围，这些都是制度的魅力所在。“校园文化营造为一个整体育人的氛围，处处体现关爱、理解，学生在这里舒畅呼吸，教师在这里诗意栖居。”

### （二）融入课程，激活机制

中共中央办公厅《关于培育和践行社会主义核心价值观的意见》中提出把培育和践行社会主义核心价值观融入国民教育全过程。培育和践行社会主义核心价值观已经成为当前推动教育事业科学发展的重要课题，小学教育阶

段更是社会主义意识形态构建的关键时期，将社会主义核心价值观融入小学教育过程是时代发展的必然要求，而小学的校园文化建设作为教育过程的重要外因和重要组成部分，必然是社会主义核心价值观教育得以开展的重要载体。二者怎样才能“契合”？近年来，各级教育部门和学校积极整合现有教育资源，扩大内涵，激活机制，探寻课程改革、特色创建、文化立校的新路子。

第一，与课程目标契合。社会主义核心价值观是社会主义核心价值体系的内核，体现着社会主义核心价值体系的根本性质和基本特征，反映着社会主义核心价值体系的丰富内涵和实践要求，是社会主义核心价值体系的高度凝练和集中表达。“富强、民主、文明、和谐，自由、平等、公正、法治，爱国、敬业、诚信、友善”，这二十四字是社会主义核心价值观的基本内容，也是当前学校教育有章可循的具体指导。社会主义核心价值观与课程目标有机契合，为学生人生观、价值观的形成指明方向。

第二，与课程教材契合。教育部在学习习近平总书记“五四”重要讲话精神时明确强调：“把学生全面发展的总体要求和社会主义核心价值观有关内容细化为学生发展核心素质和学业质量标准，融入大中小学各学科课程标准、教材编写、考试评价之中，构建大中小学有机衔接的课程教材体系。”社会主义核心价值观与课程、教材、评价有机契合，课程、教材、评价就可以成为传播社会主义核心价值观最直接最有效的载体。

第三，与课堂教学契合。课堂教学是培育社会主义核心价值观的主渠道。教育部强调，要“充分发挥课堂教学主渠道作用”，“推动社会主义核心价值观进教材、进课堂、进学生头脑”。教师备课应依据课程标准、教学内容和学生的实际情况，充分考虑育人要求，设计相应的教学活动。例如，语文课要在阅读鉴赏和表达交流的教学活动中潜移默化地进行爱国主义教育。数学课要培养学生严谨求实的科学态度。外语课要培养学生国际视野。体育、艺术课要培养学生公平竞争意识、规则意识和合作精神。科学等课程要培养学生勇于探究、追求真理、实事求是的科学精神和态度。品德与生活、品德与社会课要引导学生树立为实现中国梦而奋斗的志向。

### （三）传统文化，传承发扬

习近平总书记强调，培育和践行社会主义核心价值观教育必须根植于中国优秀传统文化。通过核心价值观教育弘扬中国优秀传统文化，让我们一代一代人把优秀传统文化传承和发扬下去。例如，让《三字经》《百家姓》《千字文》《弟子规》和《论语》等传统国学课本成为小学生的选读或必读教材，大力开展经典诵读、国学教育进课堂活动。利用班会、午会、校会、升国旗仪式开展礼仪教育，利用母亲节、感恩节等节日开展感恩教育，或者在校园文化长廊中展示学生关于孝亲、感恩主题的绘画作品，让学生欣赏和借鉴，都能让小学生从内心深处形成良好的价值理念，传承孝道文化、感恩文化。

### （四）榜样引导，活动体验

榜样的力量是无穷的。在校园文化建设方面将感性的、生动的教育活动与革命先烈、先进典型、道德模范的故事有机融合，是当前社会主义核心价值观与校园文化建设有机契合的有效途径。例如，结合“五四”青年节、“六一”儿童节、“七一”建党纪念日、“十一”国庆节及教师节等重大节庆日，“九一八”“南京大屠杀”等国耻纪念日，春节、清明节、端午节、中秋节、重阳节等传统节日，组织学生开展演讲、唱诗、书写比赛等活动，并将成果在校园里进行展示。特别是在国庆节或者党的生日时，通过张贴学生制作的标语，播放学生创作的“童心向党”主题作文，组织红色经典阅读或者参观爱国主义教育基地，都能体现小学校园文化建设的革命传统教育意义。每所小学的校园文化建设都各具特色，只要将社会主义核心价值观与小学的具体实践相结合，必然能实现核心价值观指导的常态化。

### （五）物化外显，彰显文化

社会主义核心价值观通过物化外显的方式，以校园中的一草一木为媒介，赋予其特殊的教育功能。积累学校过去和现在有关体现学校办学理念内涵的标志性名言、人物、故事、传统，使之逐渐成为学校的经典。通过对学校运动区、公共区、办公区、教学区、生活区的统一规划，做到形散而神聚，将社会主义核心价值观与学校办学理念相融合，充分彰显学校独特的文化氛围，从而陶冶师生情操、感召师生情怀、引领师生发展。具体做法有：首先，着力打造校园核心景观。在校园不同功能的区域中，打造出特色鲜明、亮点突出的景观，有效凝聚校园文化精神，使师生充分感受校园文化精髓。其次，完善校园内各个细节。校园内，从规划布局、整体风貌的设计到一花一木、一字一画的安排，都对师生发挥着熏陶感染作用。在校园文化建设过程中，除了重点打造核心文化景观之外，还非常注重精益求精，完善细节。例如，学校的办学理念强调的是和谐、健康、快乐、上进。于是学校在教室、专用场室、走廊、办公楼、食堂、围墙、景观各处的布置，都进行了精心设计。在走廊上设有聊吧，阳台种满花草，鲜花盛开，香气四溢。课间十分钟，孩子们有的在校园里踩独轮车，有的三五成群坐在聊吧休憩，他们脸上露出的是幸福甜美的笑容。学校的卫生间设计得美观大方、明亮干净、温馨舒适。学校善于精心设计，鲜明地体现在学校的硬件建设、环境设计等方面，使人感觉文化弥漫于整个校园之中，无处不在。

马克思在《关于费尔巴哈的提纲》中指出，“人是环境和教育的产物”。现阶段，新的教育改革和教育实践都在教育实体层面上积极探索教育的育人目的，而社会主义核心价值观作为主流意识形态的当代显现，是小学校园文化建设的灵魂。社会主义核心价值观正是通过与小学校园文化建设的有机契合，从制度巩固、课程契合、文化传承、榜样引导、物化外显五个方面，引领学生树立正确的人生观。

# 文化与课堂融合：学校文化与课堂教学融合的策略与途径

课程是传播学校文化的主渠道。在中小学学校文化建设过程中，许多专家、校长和一线教师围绕着“学校文化与课堂教学融合”开展了富有成效的研究，力求通过融合的途径，提高教学水平，提升教育质量，进一步整合和提升学校文化，发展学校品牌。

但从小学语文教学的现状看，许多教师对学校文化与语文课堂教学进行融合的理解，还停留在应付的层面，只将学校文化生搬硬套地加入到语文课堂教学中，尚未真正理解其融合的含义，更没有形成一套较完善的学校文化与小学语文课堂教学相融合的策略与方法。学校文化与小学语文课堂教学融合是一门科学，在课堂教学中应用得好就能真正起到培养人、发展人的作用；应用得不好，就会造成教学低效，甚至是负效。因此在研究学校文化与课堂教学融合的大量教学实践经验的基础上，以国内外的相关理论研究为依据，结合教育一线开展实践与研究，努力寻求学校文化与课堂教学融合的影响因素，研究相对的解决策略，探索出学校文化融合于小学语文课堂教学的有效途径与方法便显得极其重要。

## 一、学校文化与小学语文课堂教学融合需要的条件和环境

学校文化与小学语文课堂教学融合的基本条件是人员素质。为了使学校文化与小学语文课堂教学有效融合，本文建议学校要在教师培训和组织保障上加大工作力度。

### （一）加强教师文化素养的培训

教师，既要以学问教人，还要以道德育人。作为教师职业的从业者，其个人的道德行为对学生有着强烈的示范性，其道德影响广泛而深远。教师的思想品德、人格修养甚至可以影响一个学生的一生。教师对学生心灵的影响是任何教科书、任何道德箴言、任何奖励制度都不能代替的。教师只有不断努力提高自身的素质，才能塑造出使学生难以忘怀的可亲可敬的师长形象。语文教师要提升自身的文化底蕴，树立科学的读书观，博采杂家，构建独特的知识结构，具有独特思考精神，做学生学习的楷模，从平庸走向杰出。

教师还应加强理论培训，建构主义教学理论是教师在实施教学融合的过程中需要了解甚至掌握的教学理论。没有理论指导的实践是盲目的实践，将会事倍功半，甚至徒劳无功。除了自身加强理论学习外，教师还应借助专家、学者的指导，达到理论水平的提高。

### （二）提供融合保障

1. 组织保障

要使学校文化与课堂教学融合顺利实施，必须要有强大的组织管理做保障，从学校领导层面高度重视，鼓励教师积极投身于文化与课堂融合的研究中来，建立学校文化与课堂教学融合领导小组，形成校长—副校长—教学主任—年级组长—教师层级管理的模式，分工明确，责任到人，以达到学校文化与课堂教学融合的最优化。

2. 制度保障

学校文化与课堂教学融合的实施需要有相应的管理制度做保障。应该建立研究制度、教学评价制度和学校文化与课堂教学融合研究的激励机制。

3. 课题保障

学校文化与课堂教学融合是一项艰巨的任务。学校只有把这项工作任务作为教研科研的研究目标，学校文化与课堂教学融合的研究才能有目的、有计划地实施。因此，学校要在这方面有研究课题，把教师在教学中出现的问题转化为研究的课题，按照课题研究的方式，有目的、有计划、系统地进行研究。

4. 团队保障

（1）学校领导团队。学校领导要站在课程改革的前沿，对课程改革中的热点、难点问题给予关注，要经常深入课堂，深入教研组、备课组，及时了解真实情况，使指导和管理更科学和有的放矢。

（2）专家团队。专家们高屋建瓴的理论指导和名师的课堂实践展示，给教师提供了“研究、引领、指导”等一系列的优质服务，广大教师与专家建立合作伙伴关系，共同探索和解决遇到的困惑和问题，使教师在教学研究中迅速成长。

（3）教师团队。新课程背景下的教育改革需要教师同伴互助，建立学习共同体，可以以年级、学科和研究相同问题者为单位结成教师互助团队，让教师在研究中互相启发、互相学习、共同成长。

## 二、学校文化与小学语文课堂教学融合应遵循的理念和原则

针对很多教师对融合的积极性不高、对融合的理解有误区等问题，本文提出转变三个理念、坚持四项原则的指导性意见，以便于教师正确积极地将学校文化与课堂教学有效地融合。

### （一）融合的理念

1．育人为本

语文课程通过优秀文化的熏陶感染，提高学生的思想道德修养和审美情趣，使他们逐步形成良好的个性和健全的人格，促进德、智、体、美诸方面的和谐发展。

2．文化熏陶

文化熏陶就是重视语文的熏陶感染作用，注意教学内容的价值取向，同时也应尊重学生在学习过程中的独特体验。

3．遵循规律

学生是学习和发展的主体。语文课程必须根据学生身心发展和语文学习的特点，关注学生的个体差异和不同的学习需求，爱护学生的好奇心、求知欲，充分激发学生的主动意识和进取精神，倡导自主、合作、探究的学习方式，培养学生主动探究、团结合作、勇于创新精神。

### （二）融合的原则

1．必要性原则

必要性原则就是必须要这样做，不做不行。因为这是国家、教育部相关文件以及《义务教育语文课程标准（2011 年版）》（以下简称《课程标准》）

强调的，也是文化的传承，同时也是教育的最终目的——育人。

2. 适度性原则

融合使用不贵于“多”，而贵于“精”，多了就成思想品德课了，失去了“语文味”，要在最需要的时候融合，把握好“度”，使学生受到潜移默化的影响。

3. 适时性原则

文化与课堂融合一定要适时，如果不适时，不但不能提高教学的有效性，反而会降低教学的有效性甚至造成负效应。

4. 适当性原则

在教学中教师要找准融合点，找准合适的时间，适时适度地渗透，从而提高课堂的有效性，这也是备课的关键之处。

## 三、学校文化与小学语文课堂教学融合可借鉴的途径和方法

在学校文化建设过程中，令语文教师感到困惑的一个问题是：如何将学校文化，尤其是最为重要的宏观办学理念或核心价值观渗透进课堂，在日常教学中体现出来？如果不能很好地解决这个问题，那么就难以避免宏观层面的学校文化与学校最重要的基础工作——课堂教学——互不相干的“两张皮”情况，同时也会使学校管理者和教师对学校文化建设的效果产生怀疑，进而影响文化建设的信心和韧劲，导致学校文化难以提升，无法在学校整体生活中形成具有坚强内核的独特精气神，只能停留在日常工作的普通阶段。因此，本文在学校文化与小学语文课堂教学融合的大量教学实践经验基础上，以国内外相关理论研究为依据，结合教育一线开展实践与研究，并以北京市东城区东四九条小学为例，力求找准学校文化与课堂教学融合的影响因素，研究相对的解决策略，探索出学校文化融合于小学语文课堂教学的有效途径与方法。

### （一）学校文化与小学语文课堂教学融合的途径

如何将学校文化融入课堂，在日常教学中体现出来？首先要解决的是融合途径的问题。融合途径的探索要紧紧围绕融合的影响因素去进行，在教学中影响最大的重要因素是教师对教材的理解、对学生认知基础的把握，以及对学校文化的认知。因此，本文先通过备课让教师弄懂这三个方面的问题，找到融合点，形成教学设计；再通过上课进行典型课例的同题异构教学对比

分析，同时观察学生的学习状态；最后通过教师的个人反思和集体评议建立学校文化与小学语文课堂教学融合的评价机制。简而言之，即通过备课—上课—课后评价这一途径探索融合的方法。

1. 备课

（1）分析教材。《课程标准》总体目标第一条就明确指出：在语文学习过程中，培养爱国主义、集体主义、社会主义思想道德和健康的审美情趣，发展个性，培养创新精神和合作精神，逐步形成积极的人生态度和正确的世界观、价值观。认识中华文化的丰厚博大，汲取民族文化智慧。关心当代文化生活，尊重多样文化，吸收人类优秀文化的营养，提高文化品位。

语文课堂教学的核心在于通过激发学生对语言和文字的美好体验、兴趣，以及提出问题，引导学生主动积极地获得并训练语文理解与表达的技能，帮助其运用技能实现相应的目标，解决遇到的问题，获得心灵的体验，从而体会到能力与目标之间逐步和谐统一的收获与快乐，实现语文教学工具性和人文性的统一。

小学语文教材体裁广泛、内容丰富，要探索学科教学内容的规律，就应该对教材内容进行分类，探索学科内在的逻辑关系。阅读课文可以按体裁分类，也可以按教学内容的字、词、句、段、篇、章分类。如，教师在每个学年可以依据“全册备课—单元备课—典型备课”的思路来备课。首先要组织教师通读教材、理解新课程标准、从整体上把握教材的教学目的，然后把教材按不同体例进行分类，建立教材之间的横向和纵向联系；其次要进行单元备课，明确本章节在全书中的地位和作用；最后选择典型课例，通过对典型课例的分析，确定教学目标、分析教学的重点和难点、研究教学策略、探索学校文化与小学语文课堂教学融合的规律。

（2）了解学生。探索小学生的认知规律，着力于学生的自身发展。在备课时要研究学生的认知心理和知识基础。在小学语文课堂教学中，学生是语文学习的主体，教师是学习活动的组织者和引导者。语文教学应在师生平等对话的过程中进行，激发学生的学习兴趣，培养学生自主学习的意识和习惯，引导学生掌握语文学习的方法，为学生创设有利于自主、合作、探究学习的环境，同时重学生的个体差异，鼓励学生选择适合自己的学习方式。

阅读是学生的个性化行为。阅读教学应引导学生钻研文本，在主动积极的思维和情感活动中，加深理解和体验，有所感悟和思考，受到情感熏陶，获得思想启迪，享受审美乐趣。培养学生形成正确的思想观念、科学的思维方式、高尚的道德情操、健康的审美情趣和积极的人生态度，是与帮助他们掌握学习方法、提高语文能力的过程融为一体的，不应该将其当作外在的附加任务，而应该根据语文学科的特点，注重熏陶感染，潜移默化，把这些内容渗透于日常的教学过程之中。

（3）了解学校文化。学校文化是指在现实大文化的背景下，学校所具有的、体现学校群体特征的并为学校师生和社会所认同的特定的物质、精神氛围。

以北京市东城区东四九条小学为例。东四九条小学的学校文化是“竹文化”。为何选择“竹文化”？原因有三个：第一，“梅、兰、竹、菊”为中国古代“士”阶层所推崇的植物。第二，学校西侧绿化的主体植物是竹子，变“主体植物”为“主题植物”，以免使之成为苍白的存在。第三，竹子拥有独特的品格。竹的象征意义是人的品格：竹笋象征生命力，竹节象征气节，中空象征谦逊，从生象征乐群，生长过程象征关爱。学校的李北方老师编写了《少年君子歌》：“少而励志，君子坦荡。醴醪竹韵，明德昭彰。诚以修身，信以立世。仁孝齐家，忠义兴邦。乐群好生，爱幼敬长。虚怀若谷，独立自强。惜时如金，共荣同窗。格物致知，惠及四方。”“竹文化”的内涵被提炼为“清新高雅、虚心有节、乐群奉献、自强不息”。

东四九条小学将“竹文化”和教学密切配合，坚持指导教师依据学科特点加强课堂教学研究，灵活地将“竹文化”融合在学科知识教学的过程当中，以培养学生求真知、求真爱、懂真美、做真人为目的，使学知和育人真正成为教育的整体。经过众人的不懈努力，现在学校已初步形成了以信息技术和“竹文化”为主要内容的校本课程体系，融科技教育于其中，开发了“竹韵咏竹”“自然之竹”“竹与生活”“竹画创作”“竹乐欣赏”“竹竿舞蹈”等课程，涉及语文、美术、音乐、体育和信息技术等学科的拓展。

课程是文化的重要载体。学科课程虽有门类之分，但从文化角度来看，必然是相通相融的。及此，东四九条小学将课程文化的重点放在学科渗透和校本课程的开发上。在学科渗透方面，带领教师进行学科渗透德育、渗透科技的研究，编写了《学科科技教育指导意见》。在校本课程建设方面，学校开发了文化类、科技类、拓展类等十余门课程，融竹文化、科技、艺术为一体，结合走读选修课，将学科联动、基地建设、教师专长、学生兴趣统一起来，建立起既有文化内涵又具特色的校本课程体系，为学校的课程文化建设增添了一道亮丽的风景线。

2. 上课

（1）典型引路。在学校教育教学中，要充分发挥骨干教师的示范引领作用，通过主题教学研讨活动，教师共同探讨，选出一个学段作为研究对象，在指定的学段中选出一个适合与学校文化融合的单元进行研究，找出同一类型课的共同点，寻找出融合点，再找出一个比较典型的课例，由两名教师进行课堂实际教学。课后，教者反思，同伴互评，探索出这一类型课的融合方法。通过对典型课例的剖析，从教学的重点、难点、教学方法、融合的策略等多方面进行讲解阐释，引发同年级教师的思考，并指导同年级教师在今后的教学中如何把握教材，找准学校文化与小学语文课堂教学的融合点。

（2）课堂观察。上课是对备课的一次检验。每位教师根据单元备课的主题思想，结合本班的学生实际情况以及教师个人的特色进行教学展示。每名听课者要根据评价量表来评价教师教学的有效性。在教学中，观课者要观察教师教学中的教学目标落实情况，以及在授课中实现了哪些预设、教师在与学生互动的过程中生成了哪些、教学过程中遇到困难时教学机制呈现了哪些。通过这样的评价来保障学校文化在语文课堂教学中的有效融合，促进了学生在语文课堂教学中自主受到文化熏陶的积极性和主动性，使其养成良好的学习习惯，并促进教师的专业发展。

3. 课后反思与评议

（1）个人反思。教学反思被认为是“教师专业发展和自我成长的核心因素”。没有认真的教学反思，就难以实现高效率的教学。教学后的反思不在多，贵在精和实。可以重点关注以下方面：一是课堂的生成性。学生在课堂上的表现如何，学生的讨论有哪些精彩的成果，课堂上生成了哪些有价值的问题等，这些都可为下次备课提供借鉴的素材，使“备学生”有据可依，真正落到实处。二是规律的形成。教师在课堂教学中总会有所感悟，可以将这些感悟记下来，从中发现和总结点滴的教学规律，并思考提炼出自己独特的教学方法。三是课堂精彩之处。四是失败之处。五是灵感的产生。在课堂教学中，随着师生之间、生生之间思维的碰撞，教师有时会从学生那里得到灵感，甚至产生顿悟。教师应该把这些“智慧的火花”及时记录下来，以便日后积累和总结。

（2）集体评议。学校在教学研究活动中强调教师在自我反思的同时，要开放自己。学校领导和同年级的教师共同听课，通过教师之间的专业切磋、协调和合作，共同分享经验，互相学习，彼此支持，共同成长。采取集体评议、同伴互助的形式，实质是教师作为专业人员之间的交往、互动和合作。教师们就某个教学问题或教育现象随时进行研究，发表评论，并努力获取有价值的教育教学经验。

### （二）学校文化与小学语文课堂教学融合的方法

胡锦涛同志在全国第四次教育工作会议上指出：“要把德育融入学校课

堂教学、学生管理、学生生活全过程，创新德育观念、目标、内容、方法，充分体现时代性，准确把握规律性，大力增强实效性。”语言文字是人类最重要的交际工具和信息载体，是人类文化的重要组成部分。如何将学校文化与小学语文课堂教学有机融合？近年来，学校一线管理者和教师积极整合现有教育资源，探寻学校文化与小学语文课堂教学融合的新路子。

1. 与语文课程目标有机融合

学校文化是一所学校在长期的教育实践过程中积淀、演化和创造出来的，并为其成员所认同和遵守的价值观念体系、行为规范准则和物化环境风貌的一种整合和结晶。学校文化与课程目标有机契合，为学生人生观、价值观的形成指明方向。

（1）与国家课程标准有机融合。《课程标准》课程目标明确指出：“语文课程丰富的人文内涵对学生精神世界的影响是广泛而深刻的，学生对语文材料的感受和理解又往往是多元的。因此，应该重视语文课程对学生思想情感所起的熏陶感染作用，注意课程内容的价值取向，要继承和发扬中华优秀文化传统和革命传统，体现社会主义核心价值体系的引领作用，突出中国特色社会主义共同理想，弘扬以爱国主义为核心的民族精神和以改革创新为核心的时代精神，树立社会主义荣辱观，培养良好思想道德风尚，同时也要尊重学生在语文学习过程中的独特体验。”

东四九条小学“竹文化”的内涵提炼为“清新高雅、虚心有节、乐群奉献、自强不息”，德育目标是培养学生“求真知、求真爱、懂真美、做真人”。东四九条小学的学校文化正是国家《课程标准》总体目标第一条的具体体现。

（2）与每册每单元每篇课文的教学目标有机融合。学校文化不仅要与国家《课程标准》德育目标有机融合，还要与语文课文的教学目标有机融合，理清学年教学目标、每册教学目标、每个单元主题以及每篇课文的教学目标，进行归类、整合，将学校文化有机地融入到每一册、每一单元、每一篇课文的教学当中去，让学生在不知不觉中受到文化的感染，传承文化并形成自己的人生观、世界观和价值观。

例如，东四九小学的孙峥老师执教人教版教材三年级上册第八单元的课文《给予树》时，灵活地将培养学生“求真知、求真爱、懂真美、做真人”的学校文化与课文《给予树》的教学目标有机融合。这个单元的专题是“爱的奉献”。《给予树》是该单元的最后一篇讲读课文，文章的字里行间充满着爱的情感：母子之爱、手足之爱与陌生人之爱。与其他几篇相比，它所蕴含的爱的内容最为丰厚，也最难理解。再如，祖捷老师执教人教版小学

《语文》三年级上册第四单元第一篇精读课文《花钟》时，与该单元的《蜜蜂》《玩出了名堂》等课文相互联系，密切配合，将“细心观察”这个专题与学校文化中的“求真知”有机融合，激发学生留心观察、勤于思考的兴趣。

2. 与语文教材有机融合

《课程标准》第三部分“教材编写建议”明确提出：“教材应体现时代特点和现代意识，关注现实，关注人类，关注自然，理解和尊重多样文化，有助于学生树立正确的世界观、人生观、价值观。教材要注重继承与弘扬中华民族优秀文化和革命传统，有助于增强学生的民族自尊心和爱国主义感情。”

（1）与故事情节有机融合。例如，东四九条小学陈艳老师执教人教版小学《语文》第三册第四单元的课文《坐井观天》。这是一则寓言，通过青蛙和小鸟对天的大小的争论，阐明了一个深刻的道理：看问题、认识事物，站得要高，看得要全面，不能像青蛙那样犯了错误还自以为是。这一寓意，对低年级的小朋友来说具有现实的指导意义，因为他们对事物的认识往往是片面的。

（2）与字词句段篇有机融合。语言是一种传承祖国灿烂文化的载体。比如，东四九条小学杨春老师在教学人教版《语文》第十一册第八单元的《伯牙绝弦》这篇文言文时，坚持让学生自学为主，重点指导朗读和背诵，进行拓思，强化感悟，注重积累的策略，采用情景引领、以读为本、相机点拨、拓展积淀的方式，带领学生去读、去思考、去吸取，与古代文学大师对话，力图让学生体验到学习古文的乐趣，领悟中国语言的魅力。再如，孙峥老师在执教《给予树》的第一课时教学中，就引导学生用查词典的方法对“给予、分享、仁爱、如愿以偿”等词语进行理解。

（3）与读写结合点有机融合。比如，东四九条小学孙峥老师执教《给予树》一课时，智慧引导，巧妙设计，将“读写结合”落到实处，并将教学目标中“爱的奉献”这个主题与读写有机融合，相互渗透、相互促进、共同提高，采取一定的策略，不露痕迹地为学生表达做好铺垫，让学生在角色体验中受到感恩教育。

（4）与作者的思想感情有机融合。比如，《长城》一课通过描绘长城起伏奔腾、气势磅礴的雄姿，赞美了中华民族的聪明才智和坚强毅力。抒发了作者浓厚的民族自豪感。再如，《白杨》一课讲的是一位边疆建设者在旅途中向子女介绍生长在戈壁滩上的白杨，借以表达自己扎根边疆、建设边疆的志向。《圆明园的毁灭》是人教版《语文》五年级上册第七组的首篇课文。

课文描述了圆明园昔日辉煌的景观和惨遭侵略者肆意践踏而毁灭的景象，表达了作者对祖国灿烂文化的无限热爱、对侵略者野蛮行径的无比仇恨，激发学生不忘国耻、增强振兴中华的责任感和使命感。

3. 与语文课堂教学有机融合

课堂是传播学校文化的主渠道。小学教师要充分发挥好课堂教学的作用，积极推动学校文化进教材、进课堂、进学生头脑。教师备课应依据课程标准、教学内容和学生的实际情况，充分考虑育人要求，设计相应的教学活动。语文课要在阅读鉴赏和表达交流的教学活动中潜移默化地进行爱国主义教育。

（1）品词品句。《“精彩极了”和“糟糕透了”》是小学语文教科书第十一册第六单元中的一篇课文，主要讲作者在七八岁的时候写了人生中的第一首诗，妈妈对此的评价是“精彩极了”，父亲的评价却是“糟糕透了”。作者在“精彩极了”的鼓励和“糟糕透了”的警告中，把握人生的方向，成长为著名作家，也明白了父母对自己的两个极端的断言，其实是两种不同的表达爱的方式。文中一些含义深刻、富有哲理的句子，既是学生理解和学习的重点、难点，也是激发学生思维的兴奋点。因此，东四九条小学的教师对本课的教学，从“悟”字出发，着眼于学生的自主学习、自我感悟、悟情悟理。学生从课文对父母的言行描写中体会到：母亲的赞扬是一种宽容的爱，父亲的批评是一种严格的爱。作者不是一开始就明白父亲的意图，从当初委屈地“痛哭”，到后来感到自己是多么幸运。总之，这些感悟都是在朗读课文、品味词句中得出的，体现了语文学科人文精神教育的特点。

（2）创设情境。创设情境的方法有很多，比如朗诵、讲故事、表演、图片、录像、动画、音乐等。例如，东四九条小学杨春老师教学《伯牙绝弦》这篇文言文时，先播放乐曲《高山流水》，通过这首优美的古琴曲作者引出课文的主角——春秋时期的音乐家俞伯牙。古琴优美的旋律激发了学生学习的兴趣，在感受高山流水美妙音律的同时，不禁被俞伯牙和钟子期之间的深厚情谊所打动。

（3）续写。东四九条小学二年级（3）班语文教师教学《我要的是葫芦》一课时，引导学生续写：第二年这个种葫芦的人又种葫芦了，他发现叶子上有蚜虫，他会怎么想？会怎么做？通过续写课文，让学生懂得对于别人的意见，我们要汲取，要及时改正。在续写课文这个环节中，巧妙地让学生受到教育。

（4）人物心理活动。《成吉思汗和鹰》是北师大版小学《语文》第九册中一篇充满着深刻哲理的课文。教学重点是了解成吉思汗的心理变化过程及鹰对主人的忠诚。本文的教学应抓住成吉思汗的心理变化过程来展开：第一次“没有生气”—第二次“有点生气”—第三次“真的生气”—第四次“气急败坏”。鹰是成吉思汗的恩人，他却把鹰杀了，从他的喊声中听出了他的后悔、自责、懊悔不已。课文通过对成吉思汗的心理变化过程的刻画，以及事后伟人发自肺腑地喊出“永远不要在发怒的时候处理任何事情”，让学生明白遇事保持冷静和对待朋友要相互信赖和真诚的道理。

（5）问题探究。例如，孙峥老师执教《给予树》时，让学生先初读课文，然后围绕“课文中谁给予谁什么？”这一多元话题进行讨论。在讨论过程中，学生对金吉娅生活在一个充满爱的家庭中有了一个初步的认识。

（6）质疑。杨春老师教学《伯牙绝弦》时，有学生质疑：“为什么伯牙所念，钟子期必得之？为什么子期死，伯牙谓再无知音？为什么子期死，伯牙破琴绝弦，终身不复鼓？”质疑可以激发学生的学习积极性，培养学生善于思考和提问的习惯，同时学生的质疑也将作为下一个环节学习研究的重点。引导学生采用质疑的方式感悟语言，适时引入资料，激发想象，引导学生将想象的内容在全班交流，使学生仿若置立其中，充分感受知音间心意相通的真挚友情，并能把这种感情融入到自己的朗读中。

（7）启发想象。杨春老师教学《伯牙绝弦》时，启发想象，积累语言。教师启发：“既然伯牙善鼓琴，那他的琴声就一定不只表现了高山流水，还会有许多动人的画面。除了峨峨泰山、洋洋江河，他的琴声还会表现哪些动人的场景呢？”引导学生想象回答“皎皎明月、徐徐清风、袅袅炊烟、潇潇春雨”等。又如，付佳老师指导学生学完《龟兔赛跑》后，有几个学生自己发挥想象，饶有兴趣地编了《龟兔赛跑续集》。有的说，兔子还是没有改掉骄傲的毛病，结果第二次还是输了。有的说，在第二次比赛中乌龟受了伤，兔子帮助乌龟一起到了终点，因为他们明白了友谊第一、比赛第二的道理。更有意思的是，有个学生说结果还是兔子输了，因为乌龟开了一辆先进的小轿车，用高科技取得了胜利。

（8）角色体验。孙峥老师执教《给予树》时，让学生转换角色来体验爱的力量，收到了良好的效果。首先，学生对课文内容掌握扎实。学生在转换角色后，在写给金吉娅的信中谈道：“金吉娅，你的生活也很贫困，你并不是一个富人。”“金吉娅，你的妈妈攒这一百美元多么不容易呀！”“金吉娅，你给我买了洋娃娃，我当然很开心啦！可是，你哥哥、姐姐的礼物怎么办呢？你的妈妈会不会生气呢？”这些充满童真的语言，反映出学生对金吉娅一家生活的现状以及母亲的情绪变化十分清楚，他们对课文内容的梳理井然有序。其次，学生对仁爱之心有所体悟。在许多学生的信中，都对金吉娅给予了评价："金吉娅，你真是个善良的小姑娘！""金吉娅，你懂得体贴和仁爱！""金吉娅，你真富有同情心！"学生对金吉娅的这些评价源于对金吉娅文中行为的认识，反映了学生一定的价值观取向。再次，学生的感恩之心油然生成。学生在转换角色、表达情感的过程中，不但表达了对金吉娅的感谢，也表现出了感恩的行为。"金吉娅，我的钱不多，我只能在圣诞节来临时为你买一张小小的贺卡。""金吉娅，我家住在……欢迎你来做客！""金吉娅，我不会辜负你的一片好心。我会努力地学习，成为一个有用的人。我一定会报答你的！"这些字字句句都是有感而发，是课堂教学过程中学生生成的新的良性情感体验。

（9）自主、合作、探究。东四九条小学任立鹏老师教学人教版小学《语文》四年级上册第31课《飞向蓝天的恐龙》第二课时，在学法上，强调引导学生以自主、合作的学习方式进行探究性学习。在这一课时，为了突破教学重难点，任老师抓住了重点段落第四自然段理解恐龙演化成鸟类的过程，用提纲或画图的形式，引导学生自主学习，通过合作交流去探究、发现恐龙是如何飞向蓝天的，以及作者语言表达上的特点，再采用填空的形式加深体会，最后让学生用自己的话复述恐龙演化的过程，以达到内化吸收语言的目的，从而培养学生主动探究的精神，激起学生热爱科学、探索求知的浓厚兴趣。

（10）课外拓展。东四九条小学老师在教《我要的是葫芦》一课时，为了让学生明白主人不治蚜虫，从而导致葫芦全落了的原因，适时地播放了科学家介绍叶子和葫芦的关系的解说片。通过科学家的解说，让学生明白叶子是给葫芦提供营养的，蚜虫把叶子吃光了，葫芦得不到营养，所以全落了。课外知识的拓展，不仅丰富了学生的科学知识，同时培养了学生的科学素养，激发了学生探究大自然的兴趣。又如，杨春老师教完《伯牙绝弦》课文内容后，又引入资料：在钟子期墓前，俞伯牙曾经写下了一首短歌，来追悼自己的知音钟子期。出示诗歌，教师配乐朗诵："忆昔去年春，江边曾会君。今日重来访，不见知音人。但见一土，惨然伤我心！伤心伤心复伤心，不忍泪珠纷。来欢去何苦，江畔起愁云。此曲终兮不复弹，三尺瑶琴为君死！"让学生再次体会子期悲痛欲绝的心情。

# 特色与文化凝练：创建特色学校，凝练学校文化

特色是薄弱学校破局的重器，特色是名牌学校发展的法宝。创建特色学校，是党的教育方针的指示，也是学校内涵发展的必由之路。

## 一、对学校特色品牌建设的基本认识

### （一）学校特色品牌建设的必要性

党的十八届三中全会提出："努力办好人民满意的教育，建设社会主义文化强国，深化教育综合改革。"《国家中长期教育改革和发展规划纲要(2010—2020年)》明确指出："树立以提高质量为核心的教育发展观，注重教育内涵发展，鼓励学校办出特色、办出水平，出名师，育英才。"国务院前副总理刘延东提出："教育要内涵发展，特色发展，公平发展。"教育部前部长袁贵仁提出："义务教育最重要的是均衡发展，办出学校特色是学校内涵发展的必由之路"。这就要求学校教育要从根本上改变过去那种一刀切、齐步走、千校一面、模式化的状况。学校只有办出各自的特色，才能促进学生个性培养和个性化发展，激发学生的学习兴趣，开发学生的潜能，培养学生的能力，使他们成为创新型人才。因此，如何创建特色学校，凝练学校文化，已成为校本建设的重要课题。

### （二）学校特色品牌建设的路径

学校特色的形成是一个渐进的过程，这个过程只有起点，没有终点。因

此学校特色工作重心还应体现在形成过程上，以体现学校特色的发展性。学校要根据学校发展和时代进步的需要，不断优化、创新学校特色内涵，不断提升认识，不断充实学校特色的活力，提高学校特色品位。创建特色学校的总体思路分四个阶段梯次推进。

（1）初级阶段：特色项目。即学校在认真分析本校办学现状的基础上，从学生活动开展方面选择某个活动项目打造本校特色，通过一段时间的开展取得了较明显的建设成果。

（2）中级阶段：学校特色。即通过某项活动的开展，形成一种文化与精神，引领学校各项工作的实施与开展，形成鲜明的办学风格，使鲜明的办学特色成为全体师生的自觉追求。

（3）高级阶段：特色学校。即学校努力建设特色学校项目，发展学校办学特色，积极追求办学的个性化、特色化，争取通过一段时间的不懈努力，将学校打造成有一定知名度的特色学校。

（4）升华阶段：学校文化与办学思想的凝成。这是学校品牌化进程中的自觉时代的真正到来，学校借此正式进入品牌化运营。

特色学校建设的关键不在于学校有多么漂亮的环境、多么现代化的硬件设备，而在于学校文化的形成过程，在于全校师生所表现出来的价值观念，学校文化建构是特色学校建设成功的标志。在当前深化教育改革的宏观背景中，学校走特色办学之路，建设特色学校是提高学校的教育品位、升办学质量的有效途径。

## 二、学校特色品牌创建的内涵

### （一）学校特色品牌的依据

在制定学校发展规划时，要结合学校的历史传统、地域资源、师生的共同需求和自身优势来确立特色项目。特色项目的选择与定位是从“特色项目”上升为“学校特色”的关键和突破口。只有特色项目的选择与定位符合学校的办学理念和办学实际，才能形成学校特色。只有确定了本校的办学理念和特色发展主题，并列入学校发展规划之中，形成特色发展战略，才能推动特色学校的创建。

创建特色学校尤其需要从学校实际出发，合理地目标定位。如何确定特色学校的目标，可以有多种多样的思路。有的学校侧重课程与课堂教学改革，有的注重教育模式和教学形式多样化的改革，有的强调德育工作、信息技术教育、艺术教育的改革，有的注重创造精神、实践能力、职业技能和生活技能培养的改革，有的侧重教师的技术培养、专业成长以及师生关系和人际关系的改革，有的侧重考试评价制度的改革或校园文化环境的建设，等等。许多学校实际上是抓住了学校教育教学工作的一个方面或几个方面开启了创建特色学校的历程，经过长期的奋斗和文化的积淀，进而再从整体上把学校发展成为特色学校。无论确定了什么样的特色学校目标，首先，都必须从学校的实际出发，认真研究社会发展给教育提供的机遇和提出的挑战，在符合社会发展需要的背景下确定特色学校建设的目标；其次，认真研究学校所在地区的教育资源特色，充分发挥地域教育资源优势，并善于为我所用；再次，认真研究家长和学生的需求，尽可能取得家长的支持和参与，特别是满足学生的选择和自主，让多方面的积极性和主动性得以发挥；最后，认真研究学校的条件和能力，把创建特色学校的外在动力（环境）和内在动力（学校本身）的优势统一起来，这样特色学校建设目标才会有可能变成现实。

### （二）海珠区东风小学基本情况

1. 优势

（1）办学条件。东风小学创办于1952年，建校61年，原名大塘小学，曾经是新滘镇中心小学，位于海珠区东风经济联合社辖区。2001年东风村集资336万多元，把破旧的校舍改建为五层楼的教学楼，并铺设了200米塑胶跑道和两个标准篮球场，现学校占地面积6 582平方米，建筑面积4 569平方米。校内绿树成荫，按照规范化学校的要求配套完备，设备设施日趋现代化，有效支持现代化教学需要。据东风村委反映，随着广州市城市中轴线南拓的不断推进，政府要求处于城市中轴线上的东风村于明年三月拿出拆迁方案，2016年市政府计划打通海珠湖与广州塔连线，五年之内东风村全体拆迁，东风小学也在拆迁范围之内。市政府将在海珠湖边，上涌果树林地块划出150亩作为学校用地。

（2）校史。自东风小学创办以来，有突出成就的名人名家暂时还没有。

（3）获奖方面。各学科都有获奖，但省、市级以上的不多，科技类方面成绩相对突出。2009年10月，学校的“生物与环境实践活动”被广州市教育局、广州市青少年科技教育协会授予广州市青少年科技教育特色项目，有明显的建设成果。

（4）师资方面。学校现有编制38人，在编教师只有34人，缺编4人。其中本科学历29人，占85.3%，大专学历4人，占11.7%，中师学历1人。取得小学高级教师资格22人。40岁以上教师18人，教师平均年龄40岁。

学校大部分教师工作上能爱岗敬业，团结协作，关心学校发展。部分教师上进心强，愿意学习，主动发展愿望强烈，教育教学能力强，个人素质高，尤其是科学、音乐、语文方面师资力量较强。

2. 劣势

（1）办学条件。学校校舍现位于城中村中部，周边人流繁杂，出入学校道路狭窄，人流密集，“五类车”活动猖獗，小商小贩众多，周边出租屋密集，管理混乱，给师生出行带来诸多不便。

（2）生源方面。学校现有 18 个教学班，学生 725 人，其中地段生 210 人，只占在校学生人数的 27.8%，外地生源 516 人，占在校学生人数的 72.2%。学生主要来源于本村村民子女和外来务工人员子女，2/3 以上都是外来子弟，大多数学生家长都是工薪一族或是小商小贩，文化程度不高，家庭条件不是很好，家庭教育心有余而力不足，给学校的规范管理带来很多的困难，也限制了学生的学习发展。

（3）师资方面。教师中还存在着安于现状，主动发展、主动提高自身素质的意识不强，意识不到专业发展对自己的重要性，不愿思考，懒得反思的现象，也有小部分教师教育教学专业能力有待提高。学校近年来都处于教师缺编状态，每年都要临聘 4 名以上教师进行教学，由于临聘教师最长不超过一年，再加上学校近年又逢年轻教师休产假、个别教师身体不好休病假等，造成教师队伍流动性大，每学期工作变动比较大，影响学校的有效管理和教学质量的提高。

学校原来的办学理念是“以人为本，和谐发展，以质立校”。根据学校的办学条件、生源、师资力量的优势和劣势进行分析，教学质量与周边学校相比难以取胜，需要寻求有效的突破口，而“特色兴校、文化立校”正是学校突破发展瓶颈的法宝。

### （三）海珠区东风小学学校特色建设的定位资源

东风小学位于广州中轴线上，南面是海珠湖、海珠湿地和万亩果园连片组成的国家级生态湿地公园。海珠湖的湖心岛恰好与广州塔、体育中心呈一条直线。如果说广州市中轴线北段展现的是现代化城市景观，那么中轴线南段则是由湖区、果园组成的“生态绿轴”。镶嵌在广州中轴线上的海珠湖，是名副其实的广州“绿心”。学校南面紧邻“海珠绿心”，依托“海珠绿心”的地域优势，大力推进以此为契机衍生的观鸟观星、植树绿化等各类生物与环境实践活动。得天独厚的生态环境，又强化了学校师生环境保护、回归自然本真的意识。学校校舍位于城中村中部，周边人流繁杂，出入学校道路狭窄，人流密集，“五类车”活动猖獗，小商小贩众多，周边出租屋密集，管理混乱，给师生出行带来诸多不便。海珠“绿心”的优美与城中村脏、乱、差的强烈对比，更激发了师生对美丽家园的渴求和对环境保护的强烈意愿。

一直以来，学校科技教育在海珠区乃至广州市占有一席之地。每年四月举行科技节，师生全员参与，积极性高，覆盖面广，活动丰富多彩，科普知识普及面广，成效显著。2009 年 10 月，学校的“生物与环境实践活动”被广州市教育局、广州市青少年科技教育协会授予广州市青少年科技教育特色项目。由学校教导主任兼科学学科教学的陈莹老师和朱莲香老师带领的学校观鸟队，参加市区比赛连年获奖。科学老师陈莹在校级干部竞岗中脱颖而出成长为副校长调任其他学校后，教育局又调配了一位科学学科的广州市名师、广州市千百万工程培养人才，同时又是区科学中心组组长的李首华主任加入学校，为学校的科技教育注入了强劲的动力。陈莹校长、李首华主任和朱莲香老师以及区丽华老师举办的“生物与环境实践活动”组，积累了一定的办学经验，这是学校办学传统中已有的优势，而“生物与环境实践活动”的优势又以师资精良、参与的学生面广、学生兴趣浓厚、地处海珠“绿心”的地域教育资源优势以及孩子们对大自然的向往而最具发展潜力和可持续性。

## 三、海珠区东风小学顶层文化内涵系统

### （一）特色定位：“科技教育”特色

学校办学传统中已有的活动项目有精典诵读、合唱队、舞蹈队、篮球队、乒乓球队、田径队、醒狮队、滑轮队、科技队、观鸟队、观星队等。

经典诵读活动一直由大队部出方案并组织实施，主要是要求学生背诗，没有深入理解，参赛成绩很少。再加上学校学生 72% 以上都是农民工子弟，父母多是小商贩，居无定所。这些学生的学习自觉性不高，经常靠教师留堂补习才能完成各学科的学习任务，更不会主动去背诵课外的诗文，大部分都是靠教师硬性规定，一个一个过关。这样一来，教师们觉得压力很大，教科书里的课文学生都没学会，又要花大量的时间去抓学生背课外的古诗，还要花大量的精力去组织学生开展一个接一个的诗文比赛活动，感觉工作上力不从心，增加了负担。教师们认为，经典诵读要坚持，但主要是培养学生诵读古诗词的兴趣，多读熟读就好了。

合唱队、舞蹈队、田径队成绩平平。学校合唱队、舞蹈队、田径队只有

在接到上级的比赛通知时，教师才组织少数学生训练，参加人数不多，涉及范围不广，参赛成绩不显著。

篮球队、乒乓球队、醒狮、轮滑等项目，只有精心挑选的少数学生（主要是本村村民子弟）参加，没有全校普及。任课教师一直是由东风村出钱聘请的教练，村里的目的是培养本土文化传承人。而东风村五年之内要拆迁，届时村里的这种支持就将不复存在。学校现已有三位体育教师，一位是后勤主任，没有精力带队训练；一位是年近 50 的女体育老师，精力不济；另一位男体育教师 30 多岁，主要训练田径队。根据学校教师专业构成情况，体育教师编制已满，不可能再公开招聘。因此这四个项目能否持续发展，存在很大的不确定性。

学校在认真分析本校办学现状的基础上，结合校史、历年来获奖情况、地域特点和优势，以及 2009 年 10 月学校的“生物与环境实践活动”被广州市教育局、广州市青少年科技教育协会授予广州市青少年科技教育特色项目这一扎实的基础，发挥科学教师李首华的名师效应，带动各学科教师加大力度开展各种生物与环境实践活动。如对海珠区湿地公园和海珠湖生物多样性的调查、植物分类、鸟类调查、湿地建设建议、城中村建设与规划、东风村变迁、东风系列运载火箭的研究等，逐步形成学校“生物与环境实践活动”特色项目，并以此打造本校特色，编写校本教材《科技东风》。通过生物与环境实践活动的开展，形成一种崇尚科学、探索创新、和谐相处、健康快乐、积极进取的文化与精神，引领学校各项工作的实施与开展，而这种文化与精神也将成为全体师生的自觉追求，形成学校的科技办学特色。

与此同时，继续传承中华经典诗文特色，让全校师生在经典诗文的浸润中提高个人素养、文化内涵；继续请专业教练在学校开展乒乓球、篮球、醒狮、轮滑等体育运动项目，从而增强学生体质，丰富学生课外生活。

### （二）办学理念：和谐东风，绿满人生

学校原来的“以人为本，和谐发展，以质立校”办学理念中，“以人为本，和谐发展”是学校历史和办学传统中有特点、有价值的因素，结合学校地处“海珠绿心”的地域教育资源优势；再加上学校已有的科技特色的优势，以及全校师生对回归生态本真、追求美好人生的渴求，根据以上各项有利资源，多次进行分析、论证，凝练成学校“和谐东风，绿满人生”的办学理念。

### （三）校园文化：绿心文化

当下教育界普遍认同这样一种说法："三流的学校抓常规，二流的学校搞特色，一流的学校做文化。"学校文化是学校的核心竞争力，是因为学校文化具有能够整合、积聚、倍增其他物质资源、精神、知识以及人力资源的作用，即具有重要的"资本"作用。学校文化作为社会资本具有不可转移性。学校是以文化传承文化、以文化滋养文化的特殊社会组织。加强学校文化建设，创建具有独特品质魅力的学校文化，是提升教育内涵的重要方面。学校文化是一棵生命树，我们只有踏踏实实地改造和再建学校文化，学校文化之树才能常青，学校文化之树才能根深叶茂。

校园文化以学校特色和办学理念为精神内核，把"和谐东风，绿满人生"的办学理念和科技特色相结合，提炼出"绿心文化"作为学校的校园文化。东风，本义指春风。《礼记·月令》："（孟春之月）东风解冻，蛰虫始振，鱼上冰。"李白《春日独酌》诗之一："东风扇淑气，水木荣春晖。"诗句中的"东风"指的都是春风，东风吹拂，大地回春，一片生机盎然。学校的校名又是东风小学。孩子们生活学习在东风小学，充满希望，充满活力。绿心，本义指绿色的心情。学校紧邻的海珠湖的湖心岛，在地理位置上正处于未来广州国家级生态湿地公园的心脏位置，因此湖心岛以"海珠绿心"而得名。受到独特的生态资源的熏陶，感受着大自然的一切，滋养了孩子们探究自然、保护环境、回归本真、健康向上的美好心灵，而这些正是一种"绿色"的心情。大千世界，五彩缤纷，绿色是自然的色彩，绿色给人带来种种希望，催人向上。"绿心文化"意指好的、健康的、向上的、安全的、环保的、通畅的、愉快的、轻松的、高效的、幸福的、可持续发展的、和谐的文化。绿心文化的精华就是追求和谐、不讲究过度、点到为止、得饶人处且饶人，留得青山在，不怕没柴烧，以及强调平衡。由此，学校确立以"绿心文化"作为文化立校的主题。

### （四）校训：健康快乐，和谐发展

学校将办学理念、学校特色、学校文化相结合，提炼出"健康快乐，和谐发展"作为校训。对科技的不懈探索，寓意着不畏艰险、开拓创新。绿心，寓意着健康、和谐、愉快、可持续发展。绿满人生，寓意着为人的一生幸福奠基，由此提炼出校训"健康快乐，和谐发展"。

## 四、学校特色品牌实施策略

### （一）海珠区东风小学学校特色品牌推进规划

学校以校训“健康快乐，和谐发展”引申出“学校健康和谐发展，教师健康快乐工作，学生健康快乐学习”。

学校发展具体表现为立足实际和谐推进，高瞻远瞩健康发展。

教师工作具体表现为因材施教健康工作，术业专攻快乐教学。

学生学习具体表现为德育健康成长，智育快乐学习，体育和谐发展。

在学校发展五年规划中进行科学规划，稳步实施，确定五个主题年，形成特色发展战略，推动特色学校的建设：第一年（2013 年 9 月—2014 年 9 月）是环境建设年；第二年（2014 年 9 月—2015 年 9 月）是管理创新年；第三年（2015 年 9 月—2016 年 9 月）是特色发展年；第四年（2016 年 9 月—2017 年 9 月）是文化建构年；第五年（2017 年 9 月—2018 年 9 月）是品牌提升年。

### （二）海珠区东风小学课程体系实施策略

特色发展“千校多面”之路，就是具有明确的办学理念，课程灵活性大，教学多样化，课外活动丰富以及独特的校园文化。以前一个被普遍接受的观点是“一个好校长就是一所好学校”，现在我们也许更应该说“一个好校长 + 一批好教师 = 一所好学校”。特色课程建设，关键在于第二课堂与第一课堂的结合度，第二课堂必须有效促进第一课堂，“让特色教育与升学教育两者相辅相成”，才有生命力。

优质的学科教学是实现教育目标的主要途径，也是学校形成鲜明特色的主要途径。因此，在进行特色学校建设过程中应充分重视学科教学特色建设。这主要包括两个方面。

1. 建立与特色学校建设相适应的新的课程体系

我们要打破以课堂为唯一形式，以传授书本知识为唯一内容的单一课程结构体系，以社会需要、学科体系和学生发展为三个基本点，构建课内与课外，必修与选修，学科性课程、活动性课程和环境课程并行的主体化的课程模式。

2. 开展学科教学特色建设

在建立与特色学校建设相适应的新的课程体系方面，应注意建立“三课结合”体系。

（1）调整优化学科课程，旨在加强基础知识教学和发展学生特长。在不增加学生负担的前提下，适当调整语文、数学、英语课时，增开语文阅读课、趣味数学、外语阅读与口语表达等学科，以促进学生整体素质的提高。

（2）强化活动课程。建立以“培养个性，发展特长”为目的全方位开展的课外活动体系。活动课程分为学科类（语文学科每周一节为经典诵读课，数学学科每周一节为趣味数学课，英语学科每周一节为口语交际课）、科技类（一至二年级每周一节校本课程上《科技之星》校本教材，三至六年级每周结合综合实践课上《科技之星》校本教材）、艺术教育类（音乐一至三年级每周一节舞蹈课，三至六年级每周一节合唱训练课）、体育活动类（体育一至三年级每周一节乒乓球课，四至六年级每周一节篮球课，每班保证一天一小时体育活动时间，校田径队每周训练三次）。让这些活动课程在培养能力、发展特长、形成特色学校方面发挥积极的作用。

（3）开发德育等隐性课程。建立起良好的师生关系，使校园内形成民主、平等、和谐、愉快的人际关系，从而加强校风、班风、学风的建设，使校园成为学生成长的乐园。搞好校园文化建设，使校园环境优美和谐、整洁典雅，以达到陶冶学生情操、净化学生心灵的目的。另外，学校还要重视品德课、心理健康教育课的教研工作，积极开展课例研讨活动，注重各学科德育的渗透。结合科研课题“小学生心理问题个案辅导研究”，吸收社区家庭服务中心的力量，成立心理辅导小组，定期开展对行为偏常生的心理辅导工作，以培养学生良好的心理素质。

在开展学科特色建设方面，学校倡导“快乐学习法”教学模式，要鼓励教师发挥特长、形成富有个性化的学科教学特色。学科教学特色是指教师在学科教学思想、教学方法和手段、教学技巧和效果等方面所表现出来的独特个性。它是创建学校特色的一个重要组成部分。学校每年可以通过开展“快乐学习法”教学公开观摩活动，尽可能地给教师创造条件与机会，让有特长的教师担任主角，充分发挥他们的特长，进而发展他们的特长。

### （三）校园文化建设

校园文化是指在一所学校内，经过长期发展形成的，以校内师生为主体创造并形成共识的价值观念、办学思想、群体意识、行为规范等构成的价值体系，是一所学校精神与氛围的集中体现。中国教育学会前副会长陶西平指出：“校园文化的核心是学校共同的价值观念、价值判断、价值取向，也就是学校的教育理念和精神文化。”校园文化包括由浅入深、由表及里的不同层次，从表层的物质文化，到浅层的行为文化，到内层的制度文化，直到深层的精神文化。建设校园文化就是通过制度规范、活动行为、环境建设来体现学校理念，产生凝聚力。优良的校园文化是一所学校良好的教育生态，是一所学校持续健康发展的保证。

学校办学理念必须通过物化外显的方式，以校园中的一草一木为媒介，赋予其特殊的教育功能。要积累学校过去和现在有关体现学校办学理念内涵的标志性名言、人物、故事、传统，使之逐渐成为学校的经典。学校通过对学校运动区、公共区、办公区、教学区、生活区的统一规划，做到形散而神聚，充分彰显学校办学理念，从而陶冶师生情操、感召师生情怀、引领师生发展。

1. 打造核心文化景观

在校园不同功能的区域中，我们重视打造出特色鲜明、亮点突出的景观，有效凝聚校园文化精神，使师生充分感受校园文化精髓。学校以“绿心文化”为主题，建成了极富个性特色的绿心文化景观，培养师生健康快乐、积极上进的良好品质，激发师生热爱大自然、热爱生活的思想感情。

2. 完善校园内各个细节

校园内，从规划布局、整体风貌的设计到一花一木、一字一画的安排，都对师生发挥着熏陶感染作用。学校在校园文化建设过程中，重点打造核心文化景观，同时常注重精益求精、完善细节。学校的办学理念是“和谐东风，绿满人生”，强调的是和谐、健康、快乐、上进。于是学校精心设计了教室、专用场室、走廊、办公楼、食堂、围墙、景观各处的布置。例如：

（1）校徽地标：校门口地面上镶嵌以学校校徽铸造的地标。

（2）石头雕塑：进入校门后最显眼处立有一个雕刻有办学理念“和谐东风，绿满人生”的石头雕塑。

（3）围墙文化：校门两边的围墙上设计自然景观雕塑，运动场边的围墙上设计篮球、乒乓球、田径运动员的活动情景雕塑。

（4）楹联文化：各楼层悬挂有关“教育”“学习”的楹联和名言警句。这些楹联和名言警句与师生朝夕相伴，发挥着对学生潜移默化的教育作用。

（5）走廊文化：一楼的走廊布置以科技为特色，二楼的走廊布置以德育为特色，三楼的走廊布置以展示“快乐学习法”课堂教学成果，四楼走廊展示特色课程作品，五楼的走廊布置以功能艺术为特色。

（6）场室文化：根据各专用场室的特点，突出学科特点，营造学习氛围。

（7）班级文化：每个班以动物名称命名，并制定“班级宣言”，悬挂特色班牌，布置个性化教室，创建特色班级。

### （四）措施保障

在实施素质教育的背景下，许多学校已创造了丰富的创建特色学校的经验，形成了形式多样、内涵丰富的创建模式或策略。以从创建特色学校的基本要素来分析和提炼，对创建的策略做如下分析。

1．校长应具有鲜明独特的办学理念和教育思想

一位校长如果没有明确的适合学校特点的教育思想和办学理念，学校的发展将处于无序状态，那么要办成特色学校是不可能的。从已成功创建特色学校的案例来看，它们的办学特色的形成不是随意的、偶然的，而是在校长的办学理念和教育思想中已充分蕴含了的。如重庆市江南小学的“走好每一步”，就是田琪校长的办学理念的内核。

校长的办学理念和教育思想既是学校教育教学要遵循的指导方针，又是预设性的学校办学特色。经过几年甚至几十年的办学实践和艰苦探索，校长的办学理念和教育思想必定会转化为学校办学特色，使学校成为特色学校。因此，要创建办学特色，关键是校长的办学理念和教育思想要具有先进性、校本性、实践性。只有如此，经过数年的努力，学校办学特色之花才会灿烂绽放。

2．建设一个具有与特色学校创建相适应的特色教师群体

要实践校长的办学理念和教育思想，既需要校长身体力行、带头示范，又要依靠学校的每一位教师以高度的责任感和主人翁姿态积极投身到教育教学改革之中。因为特色学校的创建无论在教育理念上还是在教育实践行为上，都提出了更高、更新、富有个性化的要求。这就要求学校领导要把培养个性化的特色教师摆上议事日程，不能光从外面引进特色教师，而主要是针对特色学校创建的需要和指导学生个性化发展的要求，有计划、有步骤、有层次地培养学校特色教师。为此，学校在开展校本培训的过程中，要注意借助外力，请有关专家或专业人员对学校教师做指导或培训，发挥专业引领作用，重点让教师掌握有助于学校特色创建的专长或特长，具有先进的教育理论。同时，学校还要注意为教师之间互帮互学、互研互进搭建平台和提供时空，促进教师的共同发展。

3．要以课题研究为引领，积极探索创建特色学校的经验和规律

教育科研是创建学校特色的有效途径，课题研究是探索创建规律的重要

载体。从现代教育来看，大凡在全市乃至全国享有高知名度的特色学校，都离不开教育科研的引领，有的学校甚至首先在教育科研上获得成功，取得了较为显著的研究成效，才使学校真正成为名副其实的特色学校。

学校在开展课题研究时，应将创建特色学校的主体项目确立为学校龙头课题，使课题研究成为学校师生的整体性行为和共同追求的价值，再将课题按照研究对象、目标、内容、层次等要素分解为若干个子课题，由学校各部门的干部和教师去具体承担相关的子课题研究。这样既明确了学校特色创建的内涵和要求，又能真正使不同部门、不同岗位的教师都能参与到课题研究中来，参与到学校特色创建这一工程中来。

4. 要大力建设多样化的校本课程，为创建学校特色提供支撑

校本课程是学校创建特色的重要载体，争创学校特色必须要依托丰富多样的校本课程资源。在新课程改革中，学校形成了国家课程、地方课程和学校课程三位一体的课程结构，学校课程的设置既是国家赋予学校的权利，又是争创学校特色的必然要求。因此，学校要充分珍惜这一难得的发展机遇，结合学校争创特色的总体要求，正确把握学校争创特色的目标、内容、进程要求等，通过挖掘校内外丰富的自然资源和人文资源，并及时融合现代教育理念和科学原理，建设多样化的校本课程体系，不断满足学校争创特色和学生个性特长发展的需求。

在建设校本课程时，要注意以下三点：一是课程建设要切合不同年龄层次学生的实际，形成由易到难的梯级结构，尽量满足各类学生的需求。二是课程建设要体现动态生成的特点，要让师生在共同建设中不断丰富、不断积累、不断生成；要把学生在形成个性特长过程中的感悟、体会、心得等作为宝贵课程资源加以整合和利用。三是要发挥隐性课程的作用，主要包括教师的人格魅力、思想道德和师德素养等对学生潜移默化的教育作用，关爱每一位学生、尊重学生的差异，为学生的个性特长提供充分发展空间。同时，教师要注意发挥在技能、特长等方面的示范带教作用，耐心、细致地指导学生高效习得知识和能力，发展特长。

# 文化与品牌铸造：传承善恒文化，铸造至善品牌

石溪�劳小学（以下简称“劬小”）坐落于海珠区工业大道南，校园环境幽美。两排芒果树整齐排列，枝繁叶茂，绿影婆娑。学校中轴线上不可移动的文物功德碑、励志坊、悟心亭、慈惠堂静立着，默默陪伴着劬小。厚重的人文景观与清新怡人的自然景观相互应和，和谐宁静，善气迎人。

劬小走过岁月的风雨，见证时代的变迁，带着一代代劬小人的追求，努力打造至善教育，以至善课程为载体，培养“至善”师生。劬小从小到大，从弱到强，从寥寥数生到学子逾千，从一所薄弱村小到现代化都市小学，实现了跨越式发展。学校现有教学班 18 个，在校学生 778 人，其中外来务工人员子女占 64.5%；教师 41 名，平均年龄 43.5 岁。学校至善教育特色凸显，被评为“广东省义务教育标准化学校”“广州市安全文明学校”和“广州市民主管理工作三星级单位”。

## 一、深耕文化沃土，定位至善特色

### （一）至善教育的提出与思考

1. 办学经历和历史积淀

无论是学校自身的办学经历，还是厚重的历史积淀，都根植着“至善”的教育思想。学校校名“劬劳”一词源自《诗经·蓼莪》“哀哀父母，生我劬劳”，专指父母养育子女的劳苦。香港恒生银行创始人何善衡先生为纪念其母亲的养育之恩，于 1937 年捐资 10 万两白银创办学校，并取名为劬劳小

学，免费招收石溪子弟读书，以此回馈家乡父老，缅怀母亲。学校内不可移动的文物功德碑、励志坊、悟心亭、慈惠堂都是非常重要的感恩行善教育资源。

2. 地域需求和学校追求

地域需求以及师生的共同愿景，逐渐形成了劬小“至善教育”的办学特色。学校地处城乡接合部，紧邻海珠区工业大道南，位于全国文明村石溪村村口，交通便利，属经济发达地带。周边有何善衡故居、印刷城、中医院。在校学生中，三分之一为石溪村民子弟，三分之二为来自五湖四海的外来务工人员子弟。大部分家长缺乏科学的育儿方法，不同层次的学生给教育教学工作带来较多难题和困惑。生源结构的复杂、学生家庭教育的缺乏、上级主管部门的要求、社会的需要，都在呼唤着劬小“传承善举，同育英才”的精神，地域也在诉说着对“至善教育”的需求。

多年来，劬小秉承何善衡先生办学善举，以“善”作为教育的切入点，以“培养至善少年”为育人目标。学生牢记“择善而行，为善最乐”的校训。“从善至善，成人成才”已成为师生的共同愿景。

3. 社区传统和文化传统

海珠区委区政府、区教育局、瑞宝街、石溪村委、何善衡石溪劬劳福利基金会历年来对学校的厚爱，让师生深受感染。“至善教育”逐渐在师生心中扎根。

人类对“善”的本质和认识具有悠久的历史。“善”具有深刻的伦理学、哲学和佛学内涵。我国春秋战国时期的先哲和古希腊哲学家苏格拉底早就对“善”进行了解释和定义。从哲学角度解释，“善”就是美好、完美、美德的意思。劬小的“善”是继承文化传统，追求美好，具有深刻的哲学内涵。

由“劬劳”到“感恩”，由“感恩”到“至善”，劬劳小学的发展脉络清晰而深刻。劬劳小学坚守“从善至善，成人成才”的立校之本，对接海珠区区域教育主张，在以“明德至善”为主题的德育系列校本特色项目发展之下，厚积薄发，逐渐形成了至善教育办学思想体系。

## （二）至善教育的内涵与诠释

“善”在百度百科中的解释是：会意字，从羊从言。作形容词解是吉祥、美好、善良、慈善、完好的意思，如“大学之道，在明明德，在亲民，在止于至善”。作动词解是善于、擅长、友好、亲善的意思，如善气迎人。作名词解是好人、好处、好事的意思，如存抚良善。作副词解是多、常、易等意思，如善变。觞小至善教育中的“善”是形容词，是吉祥、美好、善良、慈善、完好的意思。“至”包含两层意思：一是指最、极；二是指到达。觞小至善教育的“至”取“到达”的意思。觞小“至善教育”是指到达美好的教育境界。

觞小至善教育具体包括四个方面的内容：一是身体至善；二是品格至善；三是知识至善；四是能力至善。

至善教育的精髓在于至的过程：寻善（发现善）、知善（懂得善）、守善（恪守善）、习善（践行善）、恒善（坚持善）。在践行至善教育的过程中，让师生通过寻善、知善、守善、习善、恒善的亲身体验，由一个自然人，成长为一个具有善品质的人。

觞小至善教育办学思想体系的核心理念是：从善至善，成人成才。“从”在这里用作动词，是听从、取法的意思。觞小办学理念“从善至善，成人成才”的意思是希望学生在学习生活中，以美好的事物作为学习的准则，努力使自己达到美好的境界，成为明德至善、群学合作，具有民族情怀、国际视野的现代公民，成为知识渊博、技艺高超、素养良好的适应社会发展的人才。

至善教育办学思想体系如图 3 所示：

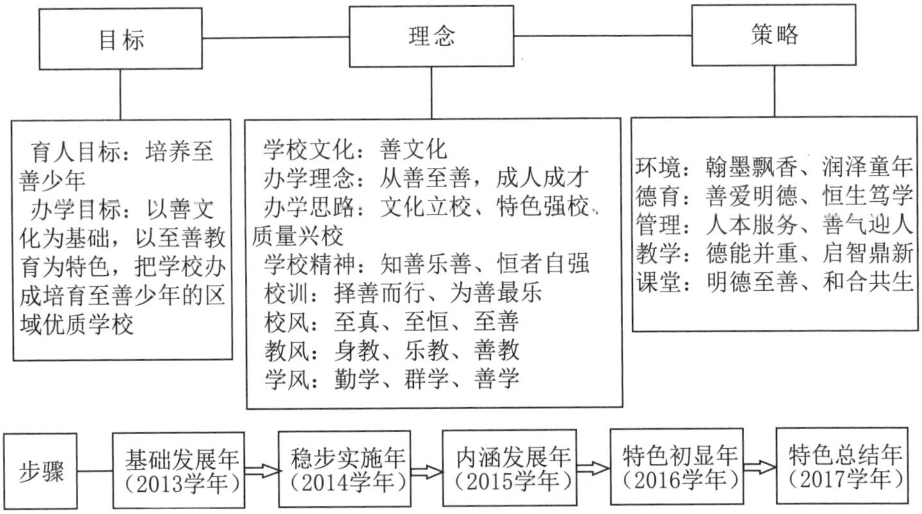


**图 3　至善教育办学思想体系**

## 二、理念融入物像，厚培至善土壤

校园文化是学校所具有的特定精神环境和文化气氛，既包括校园建筑设计、校园景观、绿化美化这类物化形态的内容，也包括学校传统、校风、学风、人际关系、集体舆论、心理氛围以及学校各种规章制度和学校成员在共同活动交往中形成的非明文规范的行为准则。钫小将“从善至善，成人成才”办学理念融入校园的一草一木，让善文化深深植根于校园的每个角落，努力营造至善教育文化氛围，打造至善特色校园。

### （一）至善物质文化凸显

学校的至善门、办学愿景墙、“希望之星”雕塑、办学理念墙、功德碑、励志坊、悟心亭、慈惠堂、明德楼、修德楼、翰墨堂、善学廊、恒善广场、恒强广场、恒毅广场，校园步步景观、处处文化，历史与现实交融，人文与自然合一，至善教育特有的文化气韵涤荡着师生的心灵。

### （二）至善精神文化浓厚

承载着钫小的历史和追求，钫小人在学校精神文化建设上群策群力，实践至善教育理念，弘扬至善精神。

（1）校徽描绘至善。校徽主体图案是学校的标志性建筑——励志坊，时刻提醒师生：一定要奋发图强，保持昂扬向上的精神状态，不断地去知善、寻善、习善、守善、恒善，才能达到人生至善境界。

（2）校歌表达至善。校歌《灿烂时光》，用诗一般的语言、情景交融的描绘，寄托学子的希望。学生们很喜欢唱校歌，歌声时而悠扬，时而明快，尽情抒发愉悦的心情。歌词倡导学生在至善教育中，争当至善少年，培养知善乐善、恒者自强的钫小精神。

（3）人文浸润至善。钫小借助省级课题“家校一体化实施策略研究”这一平台，着力构建学校、家庭、社区至善教育一体化模式，热切希望教师、学生、家长同心协力推进学校至善教育的发展，将校园建设成为师生共同的精神家园。

## 三、围绕特色主题，构建至善课程

为践行至善教育特色，培育至善少年，为学生搭建特色育人的有效平台，钫小成立了课程创建工作小组，由校长挂帅，成员涵盖了中层管理人员与一线教师，围绕至善教育特色主题，构建了至善教育课程体系。

### （一）至善特色课程源起

“明德至善，和合共生”是至善教育特色课程的特征。明德至善，意指追求光明正大的品德，使自身的境界达到至善至美。和合，和谐共进；共生，相互促进，共同成长。在教学中，不仅要培养学生至善品质，还要以学生为主体，在尊重学生多样性和差异性的基础上，引导学生充分合作、共同发展，促使学生身体、品格、知识、能力都能得到良好的发展，成为适应社会发展的人。

### （二）至善校本特色课程

至善教育的精髓在于“至”的过程。围绕着“寻善、知善、守善、习善、恒善”五大元素，学校开发了知善课程“善行天下”、寻善课程“环球漫游”、习善课程“至善节文化”、守善课程“翰墨飘香”、恒善课程“恒善足球”等校本特色课程，增强校本特色课程的实效性，提升学生的国际视野与文化感受力，以促进学生道德素养与人文修养的提高。

1. 知善课程“善行天下”

校本教材《善行天下》，以至善教育为主题进行开发与编制，用文字传递善的力量，传播至善思想。整套教材共6册，一至六年级各一册，每册均分为4个篇章，即人格至善、道德至善、思想至善、学识至善。各分册在结构设置上围绕同样的纬度进行，在内容选择上尽量根据不同年级儿童认知规律和心智的不同进行选择，努力做到螺旋式上升。

2. 寻善课程“环球漫游”

舫小“环球漫游”校本特色课程寓意“环球知识无界限，漫游世界零距离”，意在培养具有世界眼光、国际视野的舫小学子。此套校本教材分为6册，一至六年级各一册。

3. 习善课程“至善节文化”

舫小“至善节日课程”包括“传统节日”课程和“四节”课程，校本教材分上、中、下三册。舫小至善传统节日校本课程在继承中华传统节日文化的基础上，更进一步体现出善爱铭心、知恩感恩、精忠爱国、刚健有为、贵和尚美等文化精神。舫小“四节”是“体育节、艺术节、科技节和读书节”。这“四节”的口号是“我的舞台我作主，我的风采我展现”，活动内容丰富，形式多样，做到“班班有活动、人人都参与”，积极、主动地展示、发展自己，健康、快乐地成人成才。教师们把素质教育的要求落实到每一个课堂、每一个教育环节、每一个学生身上，使“四节”活动真正成为学生“个性扬彩，和合共生”的节日。

4. 守善课程“翰墨飘香”

学校根据学校特点和现有条件，开发了“翰墨飘香”硬笔书法校本课程，并在实践中积累了一定的经验。此套校本教材分为6册，一至六年级各一册。书写内容与本年级生字内容基本相同。任何一位成功的书法家都是经过长年的勤学苦练而有所造诣，学生书法艺术技巧的提高也要经历这样一个过程。学习书法对于学生毅力的提高是一个非常好的途径。王羲之墨染清池就足以证明练字的长期性。学生在长期刻苦的书法训练中养成了良好的学习习惯，比如静心、专心、耐心等，培养守善品质。

5. 恒善课程“恒善足球”

足球是深受学生喜爱的运动项目之一，既能强身健体，又可以培养学生吃苦耐劳的精神和团队协作意识，发扬恒善精神。旬小“恒善足球”校本特色课程一、三年级开课，共二册，一、三年级各一册。另外，学校组织的恒善足球社团能促进学生的全面发展，积极培养学生的足球兴趣，提高学生身体的灵活性和协调性，培养学生的耐心和细心，增进学生对足球这一运动项目的认识，增强学生体质，达到强身健体的目的。

## （三）至善课程体系

1. 至善课程的目标

至善课程目标是培养知识渊博、技艺高超、素养良好的适应社会发展的人才。在高质量完成国家基础课程和地方课程的基础上，根据学校实际情况，针对学生特点设置校本特色课程；以自主、合作、探究的教育教学模式引领学生自主学习，形成能凸显学校特色、发展学生特长的课程体系。

2. 至善课程的结构

以教育部《义务教育课程设置实验方案》《义务教育课程标准》、广东省教育厅《关于深化义务教育课程改革的指导意见》为依据，学校“至善课程”由国家课程、地方课程和校本课程三部分组成。为充分体现三类课程在教育功能与目标上的融合性，学校将“至善课程”分为“博识”“强艺”“修德”三大课程板块，代表知识学习、技能践行、人文素养三个层面的课程内容，将国家课程、地方课程与校本课程分解、融入到三大课程板块中，每个板块再分成两个课程领域。“博识”课程板块分为阅读表达和数理信息两个领域，“强艺”课程板块分为艺术感悟和体育健康两个领域，“修德”课程版块分为品德修养和国际理解两个领域。课程结构示意图如图 4 所示：

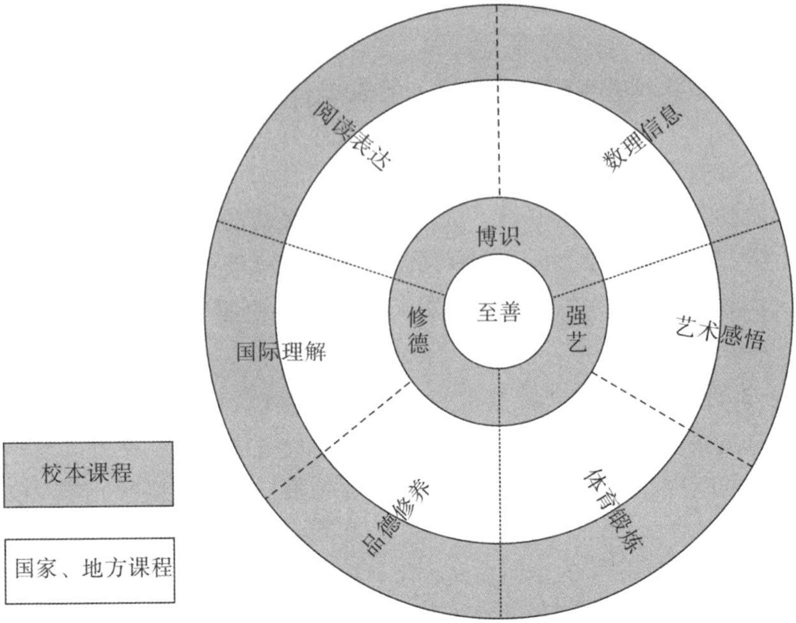


**图 4　石溪劬劳小学“至善”课程结构图**

（1）国家课程校本化。国家课程包括语文、数学、英语、科学、体育、音乐、美术等学科课程。地方课程包括乡土音乐、乡土美术、综合实践。国家课程和地方课程校本化实施，以国家课程、地方课程为蓝本，将至善教育理念融合到课堂教学当中，结合教师自身教学实际，通过自主创新，形成自己的至善教学特色。

（2）校本课程特色化。校本课程包括必修课程和选修课程。必修课程包括“至善教育”五大校本特色课程：知善课程“善行天下”、寻善课程“环球漫游”、习善课程“至善节文化”、守善课程“翰墨飘香”和恒善课程“恒善足球”。

学校依据课程理念与目标将国家课程、地方课程、校本课程这三类课程分解到博识、强艺、修德三个课程板块中，注重跨学科的统整。校本课程分为必修（校本特色课程）、选修（至善社团活动）两类性质，大多以主题活动的形式实施教学，突出校本课程的兴趣性、活动性、层次性、选择性，满足学生的个性化学习需求。

3. 至善课程的内容（见表5）

**表5 石溪勖劳小学“至善教育特色课程”建设总表**

| 课程名称 | 课程理念 | 课程板块 | 课程目标 | 课程领域 | 国家课程 | 地方课程 | 校本课程：必修课程（校本特色课程） | 校本课程：选修课程（社团活动） |
|---|---|---|---|---|---|---|---|---|
| 『至善教育』特色课程 | 明德至善，和合共生 | 博识 | 知识学习 | 阅读表达 | 语文 | | 读书节 | 国学经典、多维阅读、文学苑 |
| | | | | | 英语 | | | 趣味英语 |
| | | | | 数理信息 | 数学 | | | 玩转数学 |
| | | | | | 科学 | | 科技节 | 机器人、车模、航模 |
| | | | | | 信息技术 | | | 电脑制作、积木编程 |
| | | 强艺 | 技能践行 | 艺术感悟 | 音乐 | 乡土音乐 | 艺术节<br>翰墨飘香 | 合唱、舞蹈、器乐、形体训练 |
| | | | | | 美术 | 乡土美术 | | 剪纸、国画、水彩画、书法、摄影 |
| | | | | 体育健康 | 体育 | | 体育节<br>恒善足球 | 田径、足球、韵律操、武术 |
| | | 修德 | 人文素养 | 品德修养 | 品德 | | 善行天下 | |
| | | | | | | | | 环境课程：办学理念墙、愿景墙、励志坊、悟心亭、慈惠堂、翰墨堂、明德楼、修德楼、善恒广场、恒强广场、恒毅广场、演武台、“希望之光”雕塑 |
| | | | | | | 综合实践 | | 春游、秋游、教育基地、何善衡故居、印刷城、中医院 |
| | | | | 国际理解 | | | 至善节文化<br>环球漫游 | 龙舟文化<br>国际文化 |

4. 至善课程的设置（见表6）

表6 石溪劬劳小学“至善课程”设置及课时安排

| 课程类别 | 课程名称 | 各年级平均周课时 | | | | | | 说明 |
|---|---|---|---|---|---|---|---|---|
| | | 一 | 二 | 三 | 四 | 五 | 六 | |
| 国家必修课程 | 品德与生活 | 2 | 2 | | | | | |
| | 品德与社会 | | | 2 | 2 | 3 | 3 | |
| | 语文 | 9 | 8 | 7 | 7 | 6 | 6 | |
| | 数学 | 3 | 4 | 5 | 5 | 5 | 5 | |
| | 英语 | 2 | 3 | 3 | 3 | 3 | 4 | |
| | 科学 | | | 2 | 2 | 2 | 2 | |
| | 体育与健康 | 4 | 4 | 3 | 3 | 3 | 3 | |
| | 音乐 | 2 | 2 | 2/1 | 2/1 | 2/1 | 2/1 | |
| | 美术 | 2 | 2 | 1/2 | 1/2 | 1/2 | 1/2 | |
| | 信息技术 | | | | 1 | 1 | 1 | |
| | 综合实践活动 | | | 1 | 1 | 1 | | |
| 地方与校本课程 | 善行天下 | 0. 5 | 0. 5 | 0. 5 | 0. 5 | 0. 5 | 0. 5 | 周一第一节 |
| | 班队活动 | 0. 5 | 0. 5 | 0. 5 | 0. 5 | 0. 5 | 0. 5 | 周一第一节 |
| | 恒善足球 | 1 | | 1 | | | | |
| | 社团活动课程<br>综合实践活动 | 1 | 1 | 2 | 2 | 2 | 2 | 周二下午 |
| | 经典诵读 | 0. 25 | 0. 25 | 0. 25 | 0. 25 | 0. 25 | 0. 25 | 周一、三、五晨会10分钟 |
| | 生活科学 | 0. 25 | 0. 25 | 0. 25 | 0. 25 | 0. 25 | 0. 25 | 周二、四晨会10分钟 |
| | 翰墨飘香 | 0. 25 | 0. 25 | 0. 25 | 0. 25 | 0. 25 | 0. 25 | 周一、三、五午会10分钟 |
| | 环球漫游 | 0. 25 | 0. 25 | 0. 25 | 0. 25 | 0. 25 | 0. 25 | 周二、四午会10分钟 |
| | 节庆课程 | 读书节、艺术节、体育节、科技节、善文化节、国际文化节 | | | | | | 机动 |
| 周课时总量 | | 27 | 27 | 30 | 30 | 30 | 30 | |

设置说明：

（1）根据“至善课程”理念及目标，在严格控制学时总量的前提下，遵循广东省教育厅指导意见精神，国家课程、地方课程校本化，校本课程特色化、多样化，满足学生的个性化学习需求，同时尽量体现课程的至善特色。

（2）在课时分配上，经典诵读、生活科学用的是晨会10分钟的时间，翰墨飘香、环球漫游用的是午会10分钟的时间；善行天下与班队活动结合，用的是地方与学校课程时间；恒善足球一、三年级开课，用的是地方与学校课程时间；地方课程综合实践课校本化，与校本课程社团活动结合实施，用的是综合实践课时间和地方与学校课程时间。以上校本课程，除了恒善足球只是一、三年级开课，其他均为一至六年级开课。

（3）合理切割时间，灵活安排课时，长短课、大小课结合，在不增加课时总量的前提下，切实保障实施时间。

### 5. 至善课程样表（见表7、表8）

**表7 二年级（1）班课程表**

| 节次 | 星期一 | 星期二 | 星期三 | 星期四 | 星期五 |
|---|---|---|---|---|---|
| 晨会 | 经典诵读 | 生活科学 | 经典诵读 | 生活科学 | 经典诵读 |
| 1 | 班队/善行天下 | 语文 | 语文 | 语文 | 数学 |
| 2 | 数学 | 语文 | 语文 | 语文 | 语文 |
| 眼保健操 | | | | | |
| 3 | 体育 | 数学 | 口语 | 数学 | 体育 |
| 4 | 品德与生活 | 口语 | 音乐 | 口语 | 美术2 |
| 午休 | | | | | |
| 午会 | 翰墨飘香 | 环球漫游 | 翰墨飘香 | 环球漫游 | 翰墨飘香 |
| 5 | 语文 | 恒善足球 | 体育 | 美术1 | 音乐 |
| 6 | | 社团活动 | | 体育 | 品德与生活 |

**表8 五年级（1）班课程表**

| 节次 | 星期一 | 星期二 | 星期三 | 星期四 | 星期五 |
|---|---|---|---|---|---|
| 晨会 | 经典诵读 | 生活科学 | 经典诵读 | 生活科学 | 经典诵读 |
| 1 | 班队/善行天下 | 语文 | 综合/英语 | 语文 | 语文 |
| 2 | 数学 | 数学 | 数学 | 英语 | 体育 |

续上表

| 节次 | 星期一 | 星期二 | 星期三 | 星期四 | 星期五 |
|---|---|---|---|---|---|
| 眼保健操 | | | | | |
| 3 | 科学 | 美术 | 语文 | 数学 | 品德与社会 |
| 4 | 信息 | 体育 | 语文 | 科学 | 英语 |
| 午　　休 | | | | | |
| 午会 | 翰墨飘香 | 环球漫游 | 翰墨飘香 | 环球漫游 | 翰墨飘香 |
| 5 | 语文 | 社团活动 | 音乐 | 品德与社会 | 数学 |
| 6 | 英语 | 社团活动 | 体育 | 音乐 | 品德与社会 |

6. 至善课程的评价

“至善教育”课程体系有相应的评价制度。学校充分发挥《学生成长记录册》的评价功能，每个学期由教导处组织评价活动，将过程性评价与终结性评价相结合。评价方式灵活多样，既有量化评价，又有质性评价；既有学生的自评、互评，也有教师和学生家长的评价。结合各项评价，学校设立了“勤学章”、“至善模范班”奖杯，“金牌少年”、“银牌少年”、“铜牌少年”等奖项，激励着全校学生努力拼搏、勤奋学习。目前，劬小的印章、奖杯和奖牌，已经成为学生的奋斗目标，也成为学校独特的评价方式之一。

## 四、项目个性凸显，彰显至善特色

校本课程是基础教育课程体系的重要组成部分，是基础教育课程改革的基本趋势之一。它着眼于发展学生的兴趣、需要和特长，关注学生的个性发展，充分体现师生的自主性和创造性，具有鲜明的学校特色。

### （一）“五善课程”特色鲜明

学校围绕“至善教育”办学特色，立足“从善至善，成人成才”办学理念，在校本课程特色化建设道路上，精心打造“至善教育”五大校本特色课程。恒善足球让劬小学生活力四射，充满神气；环球漫游让劬小学生博览群书，充满雅气和灵气；善行天下、翰墨飘香、至善节文化让劬小学生心胸宽广，更加大气；至善课堂，让学生善于合作，勤于探究；至善课程，让学生更有个性。

### （二）“至善社团”精彩纷呈

科技节上，学生们创作科学幻想画、制作科技小手工、体验四驱车比赛、观看直升机表演、遥控自制的汽车和机器人等。读书节上，有主题班会、演讲、经典故事舞台剧、征文、诗文朗诵比赛等活动，音乐室里悠扬的琴声，舞蹈室里优美的舞姿，校园舞台上活泼、灵动的拉丁舞、爵士舞，等等。恒善广场上，拔河、跳长绳、跳短绳、跳跳球、拍皮球、呼啦圈……社团活动丰富多彩。

近年来，在“从善至善，成人成才”办学理念的引领下，学校至善特色活动成果丰硕：2014 学年共获区级以上奖励 168 项，2015 学年获区级以上奖励 308 项。师生书法作品在市区频频获奖。学校被评为田径传统项目学校、广州市拉丁舞特色项目学校、机器人实验基地、广州市足球实验基地。

## 五、校园诗情画意，形成至善氛围

学校不仅注重利用文化物像反映办学价值，而且注重营造校园学习氛围。教育学家苏霍姆林斯基曾说：“用环境，用学生创造的周围情景，用丰富的集体精神生活的一切东西进行教育，这是教育过程中最微妙的领域之一。”

### （一）宁静典雅，书香四溢

如今的石溪劬劳小学，绿树成荫，窗明几净，书香有致。古朴的至善门、功德碑、慈孝坊、悟心亭等文物建筑默默地流传着善的文化血脉，百年红棉、鹰爪树、芒果树相映成趣，明德楼里书声琅琅，慈惠堂里翰墨飘香。

### （二）意境美善，温暖家园

来到校门口，“铸海珠至善品牌学校”的愿景激励人心；驻足办学理念墙前，“择善而行，为善最乐”的校训催人奋进。“善学廊”书吧里，时尚的凳子、精致的墙上书柜、激励性的名言，营造出浓浓的书香氛围……沉稳、鲜明的校园文化装饰营造至善意境，体现了善恒追求，凝聚了善恒力量，成为师生的共同精神家园。

### （三）陶冶心灵，诗意成长

课堂上，学生苦苦地思索、激烈地辩论；课间十分钟，一张张活泼可爱的笑脸随处可见，有的下棋，有的跳绳，有的丢手绢；操场上，一排排、一行行排列整齐的学生，有力量、有秩序地做着广播体操……师生在校园中诗意地成长，展现出灵动蓬勃和内心美好的精神气质。

### （四）感恩母校，传播至善

在石溪村委的努力下，成立了由 80 多位校友组成的劬小校友会。这些校友正在为母校的建设出谋划策，尽心尽力，为母校发展添砖加瓦。

近年来，学校声誉逐步提升。学校先后被评为广东省标准化学校、海珠区标准化学校、广州市安全文明校园、海珠区先进单位、海珠教师幸福团队。劬小至善教育特色被广东省教育厅主管杂志《广东教育》收入 2016 年第 5 期综合版封二进行宣传报道。特色创建论文《围绕特色主题　构建至善课程》发表在教育部主管杂志《生活教育》2016 年第 9 期，并被中国知网全文收录。学校现有省级课题 1 个、市级课题 2 个、区级学校重点课题 1 个。教师论文在区级以上各类比赛中获奖 68 项，在省级以上刊物共发表 16 篇。近两年各类比赛获奖共 549 人次。

春华秋实，劬小走过了数十载的砺学岁月；斗转星移，不变的是何善衡老先生赤诚之心的弥久传承。一代代劬小人在“从善至善，成人成才”的办学理念指引下，铭记“择善而行，为善最乐”的校训，彰显“至善教育”办学特色，脚踏实地地践行至善人生。

# 第四部分

## 研修：拓宽教育视野的重要选择

教育从业者对待教育的认识与思考，必然会随着年龄、阅历、经验以及时代的变化而变化。与时俱进，是他们永恒的追求。

一所学校的办学行为，一位教师的专业成长，往往会受到所处地域的社会环境、传统文化、区域经济发展水平以及自身传统和性格等诸多因素的影响。这些因素一方面给予我们积极的影响，促进特色的形成和个性的塑造，与此同时，往往又会从另一方面束缚着我们思考的广度和角度。

因此，通过研修这一重要的途径，一边从他域找寻其他学校、教师成长、成功的内在规律与启示，一边在专家学者的理论指引与理性指导下剖析自我行与思的缺陷与不足，便成为当前一线教育管理者、教学实践者不可或缺的自觉选择。

在研修中发现，在研修中提炼，在研修中反思，在研修中修正，在研修中成长。

# 研习：
# 学校发展的理性视野

2015 年 10 月 12—16 日，广州市第五期卓越小学校长培养对象第五跟岗组的 6 位学员到 × × 小学开展为期一周的跟岗学习，笔者有幸成为其中一员。此次跟岗，笔者的研究内容是校长六大专业能力中的第一项“规划学校发展”。在导师闫德明教授的指导下，笔者对该校进行了规划视野下的案例研究。

## 一、透过学校看规划

走进学校，迎面而来的是一排排郁郁葱葱的树木，绿地红墙，一色湖蓝的标志牌装点着各个场室，空气清新，校园洁净幽静，风景秀丽。从早上到下午第二节课放学之前，整个校园都很安静。除了操场上有学生在上体育课之外，即使下课时间，也很少看到有学生在走廊、园区、操场上追赶。直到下午第三节课的阳光体育乐曲响起，操场上才沸腾起来。林荫道上，一群学生又说又笑、蹦蹦跳跳地走了过来，遇见我们，个个彬彬有礼，活泼中又透出几分儒雅。走廊上有几位教师迈着轻盈的步伐从我们身边走过，和我们打招呼，语气亲切、柔和，笑容温暖、阳光，眼神里透露着积极、进取。学校的一切工作都有条不紊地进行着。笔者感觉到幸福的气息在空气中流淌，仿佛走进了“教育世外桃源”。该校给笔者的第一印象就是一所现代都市田园学校，不愧为该市教育的一张闪亮的名片、广东省基础教育的一朵奇葩。

为什么学校的一切都井然有序，呈现出一派欣欣向荣的景象？这一定与学校的规划和管理有关。笔者带着强烈的好奇心，第二天早上六点半就把几位组员叫醒，赶到学校，完整地观察学校一天的教育活动。几位组员分好工，每人紧盯自己负责的项目，访谈了清洁工、厨工、行政人员、教师和学生，走进了各场室，走进了课堂，近距离接触学校的人、事、物。就拿卫生这项工作来说，原来学校的清洁工作是由园区的物业公司负责的。除了有物业公司专业清洁、护理花草之外，学校对学生的卫生行为也有严格的规定，比如卫生包干制度。不管是在教室还是在户外上课，都不能乱丢垃圾，上完课后要及时清理干净活动场地。哪怕是周二、周五下午的拓展课程，也会有专门的教师负责检查各社团活动场地的卫生情况，并考核打分，与学期末的奖金挂钩。从这一细节可以看出，学校各项工作之所以井然有序地开展，是因为背后有一套完整的、科学的、严格的管理制度在支撑。而制度的制定和实施，离不开学校的总体规划。制度是依附于学校规划而产生、为规划的落实而生成的。

## 二、透过校长看规划

在该校副校长的眼里，校长是一位智者；在某位体育科教师眼里，校长工作起来很严格，平时和教师一起活动，特别喜欢体育活动，比如踢毽子；在一名二年级男生的眼里，校长深受学生喜欢；在厨工的眼里，校长很好；在笔者的眼里，校长是一位很有个性的校长。在一周的跟岗学习中，笔者对校长经历了由误会到感动，再到感激的一个心理变化过程。周一第一次见面，笔者所在小组五人坐在茶桌旁的矮板凳上，听校长介绍学校办学情况。校长开场的第一句话就是：“学校什么资料都不给，你们可以看，可以问，可以听。”五人一下子都蒙了。当时笔者心里就在想：这位校长好小气，名校不是应该开放办学吗？名校不是应该辐射、带动其他学校吗？但笔者不敢说出来，只能怯生生地问道：“校长，请问可不可以复印一份学校规划给我学习，我写作业需要。”校长马上回答：“没有，我们学校没有规划。规划都是应付上级检查的。”笔者又傻眼了，第一次听一位名校长如此大胆地说出与上级政策相背的话。笔者低着头，没吭声。奇怪的是，笔者偷看到校长的脸一下子涨得通红。校长接下来全是在介绍他的三个五年规划，笔者拼命地记录着。从校长的介绍中，笔者却又发现校长是一位很有思想的校长，是一位充满智慧的校长，也是一位很实在很有个性的校长。周二，笔者等人从教导副主任处了解到，校长以前很大方，不管谁要资料都全部奉上。现在不同意给资料的原因是，以前有个外省来的校长问他要校本教材的电子版，校长很大方地给他了，结果那个校长回去后，改成自己的名字，印刷成自己的书给学生用。这件事大大伤害了校长。周三，学校安排了副校长和笔者等人座谈规划学校发展的情况。周四安排笔者等人参加学校的行政会议，会议主题是学校第三个五年规划研讨会。会上，校长说，像这样的研讨会还会开三四次，专门聘请了某师范大学的教授来指导。周五早上，校长特意交代办公室主任和笔者单独交流学校发展规划的情况，令笔者很感动，觉得自己误解了校长。校长参加完市政府召开的会议后匆匆赶了回来。看着他气喘吁吁的样子，笔者当时心里震动了一下，敬佩之情油然而生。他见到笔者等人，还希望我们再坐坐。笔者趁机向他请教学校是如何进行扁平化管理的，他愉快地和我们谈论起来，并和我们合影留念。笔者离开该校后，意外地收到了校长准备出版的书稿电子版，也收到了学校五年规划（2011—2015）的电子版。笔者想这就是校长的人格魅力—— 一个具有教育情怀、敬业、有思想、有个性、敢说敢做、实实在在、广纳百川的校长。

短短一周，围绕“规划”，发生了不少事。笔者的感觉是，校长口里说着“没有规划”，实际上他非常重视学校的规划，只不过以前没有重视写成文本罢了。为了制订一个科学的规划，他长期聘请了一个专家团来校把脉指导；为了规划的严谨性，他要组织规划组成员开三四次规划研讨会；为了把握规划的抓手，他组织学校团队到全国各地名校参观，向名校长学习，听取名校长的智慧声音；为了能达成规划的预期目标，他在实施过程中不断地修改、完善规划。校长是一所学校的灵魂，××小学校长作为该校的灵魂人物，用他的人格魅力凝聚人心，用他的智慧引领和推动规划的制订和实施，用他的办学思想引领学生、教师、学校共同发展。为了笔者的一句话，他主动安排了一周三次与笔者谈规划，可见他对规划的重视程度，也足见一位名校长对教育认真负责的优秀品质，展现了名校长广阔的胸怀，也让笔者感受到了名校长强大的引领和组织能力。

## 三、透过《规划》看规划

××小学的前身是××中学的小学部，成立之初就高起点开局，进行了高端型教育变革——学校课程再造。这需要校长具有极大的胆魄和勇气，而且还要抓得准、抓得紧，有独到的眼光。例如，拓展型课程“五个一”“1＋×”整合，意在找到一个载体，通过这个看得见、摸得着的载体带动国家规定课程的教学。课程再造，撬动了中国教育坚固的课程建设“一厢情愿”的壁垒，真正把目光投向了学生，真正指向全体学生的全面发展。

2009年该校迁校，独立建校，一所崭新的学校正式成立。新校的成立，给学校带来了新的机遇、新的挑战。前五年有了课程再造良好的基础，新校如何抓住拐点高位起飞？这是摆在学校每一位教职员工面前的一个新的课题。从学校提供的第二个五年《学校发展规划》（简称《规划》）看，学校当时并没有在《规划》中明确第二个五年的“抓手”是“教师生态发展”，更没有“三大理念”“五个策略”，而是像大多数学校一样，罗列了学校工作的方方面面，简单写上打算做哪些事，就算是一份规划了。

笔者要思考的问题是：该校第二个五年规划只有一份应付上级检查的学校规划，为何又能抓住拐点，高位起飞？校长用了哪些招数？学校为何能超越规划，取得比预期目标更好的成效呢？成功的秘诀在哪？

从与校长的交谈中，笔者找到了答案：校长虽然当时没有重视规划文本的撰写，但他在脑海中一直在思考学校第二个五年该如何走。他一直在探寻着抓住“拐点”高位起飞的“抓手”。校长时常提及的一句话是：“学校的发展，最重要的是内涵发展。内涵发展指向的是人，对人有用的才搞，没用的不搞。”第一个五年规划是学校课程再造，指向的是全体学生的全面发展。第二个五年规划他就定位为教师生态发展，指向的是全体教师开心工作、幸福生活。校长又一次抓准了突破口，抓住了“拐点”，带领教师群体发展，学校成了幸福家园。教师在学校也找到了最期盼的幸福，那就是每一天的工作得心应手、轻松愉快。

## 四、从编制过程看规划

从编制过程来看，该校的学校发展规划很朦胧，缺乏顶层设计和前瞻性，并没有起到“施工图”的作用。校长只知道要做，却不知道到底该怎么做，也不知道能否成功。一切都是“摸着石头过河”，走到哪算哪。采取“先做一个，带一个，再推一个”的分项突破策略，第一、第二个五年规划虽然成功了，但却是“险胜”。

## 五、从执行情况看规划

第一，严格的考核制度是规划执行的有力保障，同时也激发了教师的内驱力。

第二，该校采用扁平化管理和模糊评价，使学校发展规划得以很好地实现，并且超出预期效果。该校的扁平化管理，无疑给教师生态发展注入了鲜活的生命力。扁平化管理模式表面看是减少层级、减少官僚，但更重要的是一种思想文化，给每个教师一个施展才华的平台，让全体教师主动谋事、主动做事，形成学校的特有文化，人人愿做事、乐做事、做成事。扁平化又是一种架构，但更主要的不是架构，而是一种思想，是一种尊重、民主的管理思想。在管理上，该校校长采用的是模糊评价，主张以文化的力量感召教师。扁平化管理和模糊评价，真正实现了民主管理、人性化管理，体现了校长“生态教育”的办学理念，大大地激励了教师的工作积极性，提升了教师的职业幸福感。

第三，该校开办之初，从全国各地招聘了一大批教学骨干、学科带头人，这也是规划能够超目标实现的重要因素。除了在职的77名教师外，还临聘了30多名优秀教师。临聘教师强烈的责任心和进取心，也为激活教师工作内驱力注入了催化剂。

第四，学校的生源主要来自该高新科技园的住户子弟以及本市机关子弟，具有明显优势。

第五，规划的执行离不开强大的专家团队的长期蹲点指导。某校教师生态发展离不开特聘导师、良师益友。有全国知名师范大学的教授、外省教育科学研究院的教授、外省教科中心语文教研员、全国著名特级教师、本市教研员、名牌大学教育现代化研究中心研究部主任、十余地市教育局教育发展顾问、青年笛演奏家、书法家、全国英语教学能手、美国心理学家。

## 六、感悟与启示

从第一个五年规划“学校课程再造”，到第二个五年规划“教师生态发展”，再到现在未雨绸缪、紧锣密鼓地筹划第三个五年规划“教学方式变革”，学校每一个阶段的发展，无不让笔者感受到该校校长所带领的团队是一个具有教育情怀的团队，是一个敢于挑战、勇于创新的团队，是一个处处闪烁着智慧之光的团队，更是一个充满希望的团队。难怪这里的教师会发自内心地说：“学校就像一个大家庭，我们在这里幸福地工作，快乐地生活。”跟岗一周，笔者的感受是：校长是一位睿智的领航者；师生是一个和谐、上进、有理想、肯付出的幸福团队；学校是一个生命的诗意栖息地。

学校发展规划是在一定的办学理念的引领下，以学校的使命、愿景和目标为基础，根据新的发展形势，不断调整和完善的、提高学校管理效率的有效工具。学校发展规划不是“标准件”，而是“个性鲜明”的“施工图”。

某校跟岗学习，通过参观校园文化建设、与校长面对面地交流、听取学校专题报告、与行政教师座谈、观摩各项活动、听课、访谈，对比笔者所在学校的规划，得出了在规划学校发展这一方面的启示有如下几点：

（1）规划要有抓手。规划不是平均用力，而是要有重点突破，以五年为一个抓手。

（2）规划强调内涵性，淡化事务性。学校规划、科组工作计划、周计划，强调内涵性，淡化事务性。

（3）规划内容对应教育焦点问题。规划的内容（项目）除了学校的自身需要之外，也是为了对应当前国内小学教育焦点问题、热点问题，抓“牛鼻子”，不捞偏门。

（4）规划彰显共生特性。规划由各方共建，不是由校长拿出一份蓝图给大家，而是大家都是设计者、参与者，共同逐步完善、调整规划。学校顶层设计、蓝图是一个框架，是一个引领，也许有很多条路，在实施过程中不断产生、完善。规划不一定是写在纸上的东西，但一定是在实施过程中不断完善出来的。

（5）校长要善于引领、推动规划的制定和实施。所有的规划一定要靠人来实施，因此，校长要善于引领、推动，把行政人员、教师们的内驱力释放出来，最后的结果一定会令人满意。

# 访学：
# 比较视域中的东北教育

## 一、问题的提出

2010 年，党中央、国务院召开了 21 世纪第一次全国教育工作会议，发布了《教育规划纲要》，指明了教育事业科学发展的方向，描绘了教育改革发展的宏伟蓝图。《教育规划纲要》把育人为本作为根本要求，培养技能型、应用型、复合型人才，初步建成与现代产业体系相适应的技术技能人才培养强国，服务国家战略。教育改革与发展面临着前所未有的机遇和挑战。全国上下积极贯彻《教育规划纲要》，相继启动实施了一系列教育改革。广大教职员工以更加饱满的热情投身于教育事业，开启了教育改革发展全新的历史篇章。

为进一步开拓广州市第五期卓越小学校长培养对象的教育视野，提升其学校管理与办学实践能力，提高办学水平，广州市教育局与北京师范大学校长培训学院共同策划组织了广州市 38 名校长分赴大连市、吉林市、哈尔滨市相关学校进行国内访学学习活动。本次活动时间为期 8 天（2014 年 12 月 7 日—12 月 14 日），由北京师范大学校长培训学院李霆鸣副院长带队，分别面向大连、吉林、哈尔滨 6 所优质学校。其间，安排了六次教育研习：走进了辽宁省大连市沙河口区南平小学、辽宁省大连市沙河口区黑石礁小学、吉林省吉林市第二实验小学、吉林省吉林市丰满区第一实验小学、黑龙江省哈尔滨市东风小学、黑龙江省哈尔滨市师范附属小学校（以下简称：大连南平小学、大连黑石礁小学、吉林第二实小、吉林丰满第一实小、哈尔滨东风小学、哈尔滨师范附小）；4 次现场教学：参观了旅顺日俄监狱旧址、吉林市陨石博物馆、哈尔滨市城市规划博物馆、哈尔滨啤酒博物馆。通过学习 6 所优质学校成功的办学及管理经验以及 4 个教育基地的现场教学，参训校长们感受良多，收获颇丰。学习后总结分析东北三省 6 所优质小学体现的办学理念、办学目标、学校文化、校本课程开发、课堂教学、特色建设所呈现出来的特质，在比较研究中，笔者更清晰地认识到本校教育的优势与不足，借鉴东北教育的优秀之处，学以致用，改进和创新学校的管理工作，完善各种管理制度，更新办学理念，提高办学水平。

## 二、学校教育与东北教育

乔伊尔·罗斯麦克尔·加米说：“没有战略的组织就好像没有舵的船，会在原地打转”，“用卓越的战略制定和卓越的战略执行这个双标准来衡量一个组织是否管理有方”。陶行知说：“校长是学校之魂。”有人说：“一个好校长就是一所好学校。”也有人说：“教育是一朵云推动另一朵云。”以上说法都在强调校长以及校长的办学理念、办学目标等顶层设计对学校发展的重大影响。

2014 年 7 月 30 日，由中国教育学会主办的首届松花江全国教育论坛在吉林市成功举办。东北三省的教育也同全国各地一样，以党的十八大精神为指针，脚踏实地，以科研为引领，以创建特色学校为突破口，科学发展，不断取得可圈可点的成绩。论坛涉及的话题既有教育思想理论方面的，也有队伍建设方面的。教育教学改革、校本研究与学科教研、校本教材开发、学校文化建设、现代信息技术在学校中的运用、课改成果和新思考、成功教学模式与教学方法的介绍等，广泛而全面，亮点闪烁，异彩纷呈。例如：吉林市教育局党委书记、局长陈雁的“实施教育阳光行动，促进教育公平，为广大师生人生出彩奠基”；吉林省郭爱民校长的“校本课程开发是薄弱学校发展的基石”；杨光校长的“抓住三条主线，打造特色书香校园”；张勇宏校长的“加强校园文化建设，打造内涵发展品牌”；陈久文的“让课堂活起来，让学生动起来”；等等。

## 三、研究方法

本文主要采取观察法、访谈法和实物收集法，通过对 6 所优质学校的参观，听校长做办学思想与学校特色发展的报告，走进课堂听课，与学校校长、教师、个别学生交流以及收集学校办学过程中形成的相关资料，提取学校成功办学的关键词，梳理出优质学校的办学经验。

### （一）观察法

参观校园，是了解学校办学场地、设施设备以及感受学校环境文化最有效的途径。听校长做关于办学思想与学校特色发展的报告，是研究校长办学思想、办学目标以及特色建设等特别好的资料来源。走进课堂，能更深入地了解到学校的教育教学质量以及课堂文化。

### （二）访谈法

与学校校长、教师、学生交流，可以为学校教育研究提供丰富的资料，当然有可能是应然层面或实然层面的资料。

### （三）实物收集法

收集学校的教学设计、特色教育展示材料、学校简介、学校宣传画册、校本教材、校报、科研年会活动资料、校刊、首届松花江全国教育论坛资料汇编。这些资料通常被某些社会机构或个人用来记录或解释社会现象（或社会问题），可以为研究提供丰富的二手资料。

### （四）研究对象的选择

这次选择的是东北三省 6 所优质学校，具体包括辽宁省大连市沙河口区南平小学、辽宁省大连市沙河口区黑石礁小学、吉林省吉林市第二实验小学、吉林省吉林市丰满区第一实验小学、黑龙江省哈尔滨市东风小学、黑龙江省哈尔滨市师范附属小学校。本文主要以这 6 所优质学校作为研究对象，主要分析当前东北三省学校教育的现状及成功做法，以便从中梳理出在教育改革中优质学校办学的成功经验。

### （五）资料整理的方法

笔者首先对 6 所学校的基本信息进行汇总，从办学理念、办学目标、学校文化、校本课程开发、课堂教学、特色建设 6 个方面来进行梳理。基于这些梳理，对 6 所优质学校办学情况进行整体的认识和把握，分析这 6 所学校办学的趋势和方向。

其次，笔者对这 6 所学校的办学情况进行了分析，具体分析这 6 所学校的实然层面与应然层面差异的比较。

## 四、资料分析

笔者走进东北三省6所优质学校，参观了校园，听取了校长关于办学思想及学校特色建设的报告，进课堂听课，与校长、教师、学生交流，收集的信息可能是实然层面或应然层面的，但研究者可以从中分析出东北三省学校教育的现状与优势。诚然，这种分析也不可避免地受到研究者自身学识的限制。下面从办学理念、办学目标、学校文化、校本课程开发、课堂教学、特色建设6个方面来进行分析。

### （一）办学理念方面

作为学校管理者，校长首先要思考为什么办学。有了办学理念，运用创新的传播曲线的原理，让教师对校长的办学理念也就是黄金圆环中的理念产生欣赏，继而认同，形成学校师生家长共同愿景，引领学校持续高效地发展。

大连南平小学的办学理念是“关注每一个，发展每一个”。大连黑石礁小学注重博雅教育理念的探索、实践与发展，使“博雅教育”深深扎根于学生的心中，得到了普遍认可和赞誉。吉林第二实小围绕“实施顺应教育，让每名师生都出彩”的理念，培养面向世界的现代中国人。吉林丰满第一实小坚持“以人为本，以质量求生存，以特色求发展”的办学思路，重内涵建设，办精品学校，创优质品牌。哈尔滨东风小学始终围绕“夯实教育基础，体现人文关怀”的办学理念，精诚团结，锐意改革，正在用信心与创造实践着爱与责任。哈尔滨师范附小确立了“阳光教育”办学思想，用阳光心态塑阳光少年，建阳光校园。

6所小学的办学理念都紧紧围绕培养人这一点来展开，从关注每一名、发展每一名，到每名学生都出彩，到以人为本，到体现人文关怀，到塑阳光少年，无一不体现了东北教育培养人、以人为本的办学理念，其实然办学理念与应然办学理念是一致的。

### （二）办学目标方面

办学目标是基于办学理念的基础上，制定切实可行的将来能够达到的学校、教师、学生发展的目标。

大连南平小学的办学目标是让每一个孩子全面而富有个性地发展。大连黑石礁小学的办学目标是培养博雅学生，涵养博雅教师，浸养博雅家长，润养博雅学校。吉林第二实小的办学目标是创建现代学校，奠基幸福人生。吉林丰满第一实小的办学目标是建设活力校园，体验出彩人生。哈尔滨东风小学的办学目标是坚持高质量彰显高素质赢得高信誉。哈尔滨市师范附小的办学目标是教学有特色、课程有特点、教生有特长、文化有品位。

有了办学理念，还要去落实，就要有办学目标。6 所小学的办学目标都是紧扣学校办学理念来制定，并通过课程、教学、活动、校园建设、制度建设、师生成长、家长社区等渠道来实施落实目标。

### （三）学校文化方面

学校文化是学校所具有特定的精神环境和文化气氛，是学校成员在学校发展过程中，逐步形成的包括学校最高目标、价值观、校风、传统习惯、行为规范和规章制度在内的精神总和。

比如，吉林第二实小建设学校顺应文化，丰富学生校园生活，体现开放性，注重灵活性，突出参与性，具有创新性。吉林丰满第一实小的活力文化：校内着力营造以人为本、平等尊重的管理文化，积极参与、主动发展的教师文化，健康向上、充满活力的学生文化，关爱互助、真诚简单的人际文化，通过营造健康和谐的干群关系、师师关系、师生关系，形成良好的工作氛围。校外，积极营造有利于学校发展的舆论氛围，提高家长认可度和社会美誉度。利用家长学校，开设家教论坛，开放校园，悦纳家长，凝聚家长，使家长与学校形成伙伴关系，形成育人合力。哈尔滨师范附小的阳光文化，建设高品位校园文化环境为师生营造良好精神家园。校魂是思、拓、活、精、勤。学生们在阳光文化的引领下规范着自己的言行，体味着阳光教育的润物无声。

学校文化是根植于师生心中的、长期积淀的一种精神品质。6 所学校都能够在传承的基础上进行创新，使学校文化得以发展，并用文化来熏陶师生，以此促进师生成长、学校发展。

### （四）校本课程研发方面

校本课程（school-based curriculum），即以学校为本位、由学校自己确定的课程，它与国家课程、地方课程相对应。校本课程是一个外来语，最先出现于英国、美国等国，已有几十年的历史。现在在中国新课改的教育形势下，校本课程成为新课改的重点。

大连南平小学将书文教育与各学科教学有机结合，合理挖掘书文教育因素，适时、适度渗透拓展。全新的课程结构是开展书文教育的主渠道。语文课开课五分钟诵读经典诗文、结课十分钟练习写字，还有“经典诗文”与“名家书法”两大主题的赏析课。为学生个性的张扬、特长的发展营造出良好的环境和空间，将书文教育列入校本课程开发和实施中。例如，学校开发了《诗文欣赏》《童韵飘香》《我爱国学》经典诵读系列，《青苗剧社》《国粹京剧》《纸香意韵》《笛乐悠扬》《风之百灵》《花样空竹》《炫彩篮球》以及《书文教育》系列读本等十多种校本课程教材。与南沙街道后山社区建立了综合实践活动基地。将诵读中华经典美文纳入到德育的常规训练之中。一个评比（“南平之星”）、两个窗口（“童声”校园电视台和南沙街道社会实践活动基地）、三个节日（书法节、读书节、艺术节），多彩的实践活动是开展书文教育的有效途径。

大连黑石礁小学“博雅教育”的实践与探索，使办学理念、学校文化、学校制度等得到了检验、诠释和完善；总结提炼了学校特色、文化建设、德育工作的新经验；开发并实施了适合小学生心理、品德和行为习惯发展的“博雅教育”校本课程体系；结合不同年级学生身心发展特点，制定“博雅教育”评价标准，精心设计了《长大——博雅小学生综合素质发展报告册》，开展“博雅少年”评价，为学校在新形势下探索出一条新的发展之路。

吉林第二实小陈福校长认为，学生成为什么样的人，学校就应该设计与之相适应的课程。他积极倡导建设学校顺应课程，实现学生的多元发展，从目标上、方法上、习惯上、内容上、环境上、人员上六大方面进行衔接，九年奠基人生，培养具有国际视野、艺术修养、强健体魄、科学精神、人文情怀的现代公民。学生“十会”目标：会感恩、会篮球、会乐器、会书法、会电脑、会英语、会读书、会表达、会劳动、会创新。①开设国学经典系列课程，筑牢学生中国根。培养面向世界的现代中国人，铸民族魂，深扎中国根，是学校义不容辞的责任。②建设科技校本课程，培养学生的创新精神。学前班，科学观察与认知；一年级，科学动手做；二年级，古典益智玩具（七巧板、华容道、纸飞机等），电脑画；三年级，科学探究（小制作、小实验等），WORD 电子作品；四年级，科学技能训练（模拟实验室），PPT 电子作品；五年级，电子百拼，机器人搭建；六年级，机器人创意设计。③开展综合实践课程，培养学生的实践能力。走进工厂，走进乡村，走进社区，走进自然，走进军营。④开设选修课，实现学生个性化的发展。例如篮球、书法、绘画等。

哈尔滨师范附小努力培养“兴趣 + 能力”的多元型学生，塑造“特长 + 发展”的专业化教师队伍，建设“和谐、阳光、高质、特色”的校园文化，发挥学校自身的办学特色和资源优势，通过 6 种途径自主开发了20 多门校本课程，呈现出五彩缤纷的学校课程文化景观。一是将教育科研成果转化为校本课程，开发了“学校礼仪”“家庭礼仪”“社会礼仪”校本课程；二是将校内课程资源转化为校本课程，开发了“机器人”“科技博览”“头脑体操”校本课程；三是将学校的传统优势项目转化为校本课程，开发了“形体教育”“音律教育”校本课程；四是把活动课提升为校本课程，开发了“花样跳绳”“中国武术”“太极红扇”“皮球操”“口琴”校本课程；五是家校联动开发校本课程，开发了“多彩假期”“快乐阅读”“每日习字”校本课程。

校本课程开发方面，6 所学校反映出来的共性为：一是为了学校；二是在学校中；三是基于学校。东北三省的 6 所学校，是以改进学校实践、解决学校所面临的问题为指向，由学校中的人来解决，要经过学校校长、教师的共同探讨、分析来解决，所形成的解决问题的诸种方案要在学校中加以有效实施。6 所学校的校本课程都是在学校本土生成的，是既能体现各校的办学宗旨、学生的特别需要和本校的资源优势，又与国家课程、地方课程紧密结合的一种具有多样性和可选择性的课程。

### （五）课堂教学方面

课堂教学是素质教育的主阵地，转变教育观念、改革培养模式和改善教学方法是当务之急。

在大连南平小学的小班化课堂里，走进学生的心田，听到朵朵花儿开放的声音，情智共生，和谐愉悦，充满了勃勃生机，展现生命的活力，这就是大连南平小学的精致课堂。大连黑石礁小学润雅博学，创博纳课堂，开展细化学法指导、落实能力目标课例研讨活动，建“四艺”（琴棋书画）学校，并成为全国写字教育实验基地。吉林第二实小促进学生主体性学习的课堂教学，探索“一主、二合、三分”教学模式，顺应天性乐学，为学习注入生命的活力。吉林丰满第一实小的课堂教学改革从新课程的三维目标出发，积极建设体验式活力课堂，探索“三位一体”的教学改革，提出教师角色的“三位一体”（引领、推动、陪伴），教学过程的“三位一体”（讲解、体验、分享），教学过程动力发展的“三位一体”（学生、小组、班级）。哈尔滨东风小学通过《严监生之死》这一课例来展示学校“三分之二”课堂教学模式。哈尔滨师范附小构建“特色引领，多元发展，成就未来”的学校课程文化，努力培养“兴趣＋能力”的多元型学生。哈尔滨师范附小的阳光课堂是指学校在探讨有效课堂教学，转变教与学方式的过程中，提倡“落实三个环节，提高四种能力”。三个环节是主动参与、乐于探究、勤于动手。四种能力是搜集和处理信息、获取新知识、分析和解决问题、交流与合作。

6 所学校都在着力改革课堂教学，把提高课堂教学质量作为学校工作的重点。随着社会的发展，对人才的要求也越来越高，这就要求我们教育工作者要具备与当前形势相适应的教学策略，改革陈旧的教学方法。6 所学校的课堂教学都致力于以学生为主体，顺应学生的天性，注重学生自主、合作、探究学习，注重培养学生的动手能力、搜集信息和处理信息的能力，从而培养出具有人文情怀、勇于担当、气质优雅的现代公民。

### （六）特色建设方面

学校特色建设是国家对教育的要求。温家宝谈道：“我们强调教育公平，教育资源合理分配，决不意味着把学校办成千篇一律、千人一面。学校还是要办出特色和风格。”学校特色建设是区域教育走向优质均衡发展的过程。关注学校办学特色，加强学校学科建设，积极打造区域内学校不同特色，使区域内学校发展形成百花齐放的局面。从这个意义上说，特色发展也是均衡发展。

大连南平小学走内涵发展之路。自 2007 年始，学校将语言文字工作特色建设融为一体，学生受到熏陶，提升文化品位、人文素养，形成独特的“书文”教育特色，形成特有的人文校园文化。翰墨吟磨书满香，文化导行育新人。书文教育涵养了南平小学“音韵翰香修德”独特的校园文化，培养了学生语言文字的创新思维和独特的艺术感，张扬了学生的个性，也成就了学生勤学尚德的品质，为学校的全面发展注入了活力。

大连黑石礁小学从道德教育实践、校园文化环境、特色课程建设、博雅团队培养四个方面打造博雅教育特色。尚雅养德，育“品雅”少年；优雅陶情，塑“博雅”校园；润雅博学，创“博纳”课堂；范雅示导，铸“育雅”团队。博雅道德教育主要从四个方面进行：以行为习惯养成为主的“规范德育”、以情感陶冶为主的“活动德育”、以心理教育为主的“深层次德育”、以信念和价值观教育为主的“高境界德育”。一年级“迈好入学第一步”入学教育；二年级“可爱的红领巾”入队教育；三年级“我是学校小主人”爱校教育；四年级“踏寻英雄足迹，做有志少年”祭扫烈士墓；五年级“快乐学农，体验成长”学农实践；六年级“爱洒人间”感恩教育。

吉林第二实小顺应教育特色。顺应教育的核心价值是以“爱”为根基“厚德、和谐”，以“乐”为目标“开放、创新”。教育的使命是“天命之谓性，率性之谓道，修道之谓教”。顺应天性，发展个性，启迪灵性。教育的目标是学生成为“基础牢、习惯好、分实践、能创造的面向世界的现代中国人”。学校从顺应教育的理论建构、基于学生身心发展的课程体系、促进学生主体性学习的课堂教学、基于学生习惯养成的开放德育、着眼学生终身发展的幼小衔接以及促进教师自主发展的团队研究来打造学校顺应教育特色。

吉林丰满第一实小开展体验式团体教育模式的探索应用。召开“体验式团体教育论坛”，论坛活动展示课题研究成果。教师分别从召开体验式家长会、体验式班会、优化学生学习方式构建活力课堂等方面讲述研究中的收获和感悟，展示课堂教学、体验式班会和体验式家长会，分别从德育、教学、心理资本建设三个方面开展教师沙龙活动。

大连南平小学的书文特色，黑石礁小学的博雅教育，吉林第二实小的顺应教育，吉林丰满第一实小的活力教育，哈尔滨东风小学的“创新 + 实践”特色，哈尔滨师范附小的阳光教育特色，无不体现了学校独特的文化。6 所小学都善于以特色立校，以特色强校，以特色兴校，站在一个新的高度，全面实施素质教育，办出特色，办出品牌，办人民满意的学校。

## 五、讨论与结论

建构主义思想与方法论其核心是以学生为中心，强调学生对知识的主动探索、主动发现和对所学知识意义的主动建构。办学的目的是什么？就是培养人，培养现代社会公民。学校要为学生的成长提供良好的人文环境和物质环境。学校的课堂教学要以学生为主体，培养学生的学习兴趣，激发学生对知识的主动探索和发现，在原有经验和体验的基础上，对知识进行重构，发挥学生的个性特长，发展学生的潜能。东北三省 6 所学校的教育不论是在应然层面还是实然层面，都与建构主义理论的知识观、学生观、学习观相一致。

### （一）研究结论

综合文献探讨与观察、实物资料分析，笔者归纳分析出当前东北教育优质学校成功经验有：办学理念引领发展、办学目标明确清晰、学校文化传承创新、课程设置科学系统、课堂教学魅力无穷、特色建设彰显个性。

### （二）分析与讨论

东北三省 6 所优质学校在办学理念上都把人的发展作为根本任务，实然与应然相一致。理念是全校师生根植于心中的价值观，只有全体师生形成了共识，才能达成师生的共同愿景。校长用理念来引领全校师生，师生才能自动自觉地去工作、学习，学校才能得以发展。办学理念不是一成不变的，应随着学校的发展而不断地提炼。一所学校有了理念还不行，还要有明确清晰的办学目标，6 所学校都制定了切实可行的办学目标，使全体师生心往一处想，劲往一处使，共同达成发展目标。在学校文化的传承和创新方面，6 所学校都做得很好。比如，黑石礁小学从“九五”时期的“以写字教育为突破口，全面实施素质教育”，到“十五”期间的“弘扬国学，创经典诵读育人工程”，再到“十一五”期间的“经典诵读育德，书法艺术育人”博雅特色日益鲜明，“十二五”期间的“四艺”（琴、棋、书、画）学校的打造，促使学校走内涵发展之路。新时期学校针对教育的新特点和新要求，拓展并丰富“博雅教育”内容，注重博雅教育理念的探索、实践与发展，使“博雅教育”深深扎根于学生的心中，得到了普遍认可和赞誉，形成了学校的博雅教育的特色与学校博雅文化。东北三省 6 所学校都注重校本课程的开发和研究，校本课程具有科学性、系统性和特色化的特点。在课堂教学改革方面，力度更大，不论是“三分之二”课堂教学模式、体验式教学，还是“一主、二合、三分”教学模式或者“三位一体”教学模式，形式不同但实质相同，都体现建构主义的学生观、学习观和知识观，以学生为主体，充分发挥学生的主观能动性，发展学生思维，培养创新型、实践型、复合型人才，培养面向世界的现代社会公民。

## 六、研究反思

诚然，校长的办学理念、办学目标、学校文化、校本课程开发、课堂教学、特色建设等因素都对一所学校的发展起着重大的影响作用，但是背后还有社会、家庭、政策等许多因素也都在影响着学校的发展。本文只是个案研究，6 所学校都是东北三省的优质学校，并不代表整个东北的教育。笔者在研究时观察的角度、深度、广度未必能反映学校全貌，也许只是窥见一斑，有视角及学识的局限性。

比较之下，笔者所在学校办学情况，在办学理念、学校文化的提炼上还要继续加强，办学目标还需明确，课程设置要向系统化、科学化、特色化方面努力，课堂教学改革还需探讨，特色建设还在路上。今后要借鉴东北教育的优秀之处，用理念引领学校，不断完善学校的各项制度，明确办学目标，根据学校实际情况开发校本课程，大力改革课堂教学，以特色创建为突破口，提高办学水平，创办品牌学校。

# 挂职：走进北京市东四九条小学

## 一、学校基本情况

北京是我国的政治、经济、文化中心，是教育制度出台之地，是教育改革的排头兵、先行者，是教育理念、教育管理、教学改革最先进的地区。笔者挂职的学校是北京市东城区东四九条小学，位于东城区中心地带，是一所具有70年校史的科技教育特色学校。其前身是成立于1944年的东四十一条国民小学，1973年经东城区教委正式命名为东四九条小学。东四九条67号院原为清代谟贝子府，其建筑形式是具有典型清代贵族宅院风格的大型四合院。1924年著名戏剧大师梅兰芳先生曾在此院花园中拍摄戏剧片《黛玉葬花》。21世纪初，学校随平安大街及地铁工程建设改造成为现代化学校，同时保留了院内古亭，使西北隅的传统建筑与东南部的现代建筑交相辉映，古朴而典雅，清新而美丽。

学校占地面积5 300余平方米，现有18个教学班，学生600余人，教职员工60余人。多年的硬件建设使学校面貌焕然一新，古亭和云墙环抱着的操场间矗立着漂亮而现代的教学楼。学校拥有高配置电脑200余台，8个小型局域网；以光纤接入的网络资源中，200多个信息点的通信在百兆以上，聚集了超过500 G的资源。电子阅览室、阶梯教室、电脑房、实验室、演播室、音乐室、美术室、劳技室、机器人室等专用教室一应俱全。这是一所历经风雨而蓬勃发展、办学有特色、广受赞誉的优质学校。

学校的共同愿景是“举致真教育的旗帜，走特色学校发展道路”。学校文化是“竹文化”（清新高雅、虚心有节、乐群奉献、自强不息）。学校办学理念是“致真”教育。学校特色是科技教育。育人目标是学做“真人”。

### （一）办学思想，在竞争中求突破

在教育竞争日趋激烈的形势下，东四九条小学领导高瞻远瞩，绘制了学校的发展蓝图。

就是这样一所中等规模建制的学校，在她70多年的成长史中，却始终保持着不断的思考和执着的探索。不仅在数十年间赢得了小学校的大发展，而且成为东城区，乃至北京市颇有影响的实施科技教育特色优质学校。

校长乐波给人的第一印象是儒雅，同时他又是一位具有很强人格魅力和领导力的校长。他用思想引领学校发展，确立“精致+特色”的办学目标，坚持“内涵发展”与“特色发展”双渠道并进的基本战略，并将“内涵发展”的核心定位于“养善培细”，将“特色发展”的核心定位于“承优拓新”。这些要素不仅为办学规划和目标的确定提供了基本依据，更为九条小学实现科学的发展打下了坚实的基础。接着，乐校长又确定了学校科技教育工作思路和发展方向。明晰了学校科技教育的育人目标为教会学生科学做人、科学做事、科学求知、科学实践。从“文化立校、科技兴校”到“精致+特色”的办学理念，最终于2012年9月正式确立“致真”教育办学思想。

### （二）建章立制，在规范中求发展

办学70年来，东四九条小学始终坚持依法办校，依法治教，学校按照“全、细、严”的原则，通过不断修订完善形成了多达112条涉及管理、教育、教学、体卫、财物、安全等办学治教各个方面的规章制度。该校在制度建设中，推崇“导思重于范行，启智大于立制”的管理理念。

在管理方法上，学校实行民主管理。实现了以“理”为主要特征的制度文化。

（1）学校团队精神：“我们、大我”。

（2）干部“八点要求+三大原则”。

（3）党员“九个一点+六个标准”。

（4）教职员工“可爱标准+精细标准”。

### （三）科技特色，在改革中求完善

学校在创新中求完善，科技教育始终是特色发展的主旋律。

### （四）课程建设，在创新中求加速

学校借助课改之机遇开发校本课程，确定引“竹”之形象作为团队之魂和校园文化之基，因此形成了以“竹文化”和信息技术为主体的校本课程开发思路。经过众人的不懈努力，现在学校已初步形成了以信息技术和“竹文化”为主要内容的校本课程体系，融科技教育于其中，开发了竹韵咏竹、自然之竹、竹与生活、竹画创作、竹乐欣赏、竹竿舞蹈等课程，涉及语文、美术、音乐、体育和信息技术等学科的拓展。2018 年暑期，学校还在已有校本课程的基础上继续开发完善特色内容，如：“竹文化”拓展课程、生物蝴蝶课程、KC 研究性学习课程、神奇多米诺课程和机器人课程。力争通过几年的努力建立特色突出、内容丰富的校本课程资源体系。

近年来，学校开发了“竹文化”校本课程教材和“科技教育”校本课程教材，编制了《学科教学渗透科技因素指导手册》。各学科根据学科特点融合学校文化，使学生在课堂教学中受到“致真文化”的熏陶，形成自觉认知，对学校文化形成共识。

目前，东四九条小学以其创新的办学理念、科学的管理模式、鲜明的办学特色、浓厚的学校文化，写就了 70 多年来辉煌的发展之路，赢得了学生、家长、社会的一致赞誉。

## 二、挂职收获

### （一）开放鲜活的办学理念是锻造品牌教育的基石

东四九条小学的真正魅力不仅仅表现在学校科技教育特色的炫目上，其魅力源头还在于开放鲜活的办学理念。

校长乐波说，他是于 2003 年调到该校任职的，校长的经历留在记忆中的会有很多，但他最珍视的还是自己的思想变化。其实，校长的工作过程概括起来应当是：思考—选择—行动，再思考—再选择—再行动的循环过程。

2005 年，当乐校长接任东四九条小学校长之职时，这所学校已然是一所在全区小有名气的科技教育特色学校了。在他任上的东四九条小学将如何走向未来？几年来，他就是带着这样的主题思考着、实践着，最终形成了以“竹文化”为基石的“致真”教育办学思想。

### （二）扎实到位的养成教育奠定了育人之根本

东四九条小学有教师 60 多人，教学班 18 个，学生近 600 人。笔者在东四九条小学挂职期间，见到学校师生做事始终有条不紊。上课时，校园里显得格外安静。下课后，也没有看见学生追逐、打闹或是随地丢垃圾等现象。做操集合时，学生更是训练有素，做到了快、静、齐。体育课上，学生争先恐后；音乐课上，学生引吭高歌；英语课上，学生积极投入到分角色朗读对话中；去史家小学资源中心，学生一路上始终排着两排队伍，个个尾随而入。全体教师进行校本培训时，学校德育处采取高年级学生管理低年级学生的办法，在全体教师都不在教室的情况下，各班学生自主管理，课堂依然秩序井然，没有人喧哗，没有人吵闹，都在安静地自习，教室里，走廊上、操场上、到处干干净净，不见纸屑……看到这些，笔者不得不佩服东四九条小学学生行为习惯养成教育的成功，德育工作的扎实及取得的显著成效。

在与负责德育工作的刘校长交谈中，笔者了解到，东四九条小学在学生的养成教育方面有几个做法是独到的。

第一，各年级开展主题德育活动。以“北京精神”为依托，根据学生年龄特点，结合实际开展有针对性的德育活动。一年级“争当红花队员”；二年级“做合格少先队员”；三至六年级结合“道德银行、储蓄文明”活动。

第二，学生自主管理。重视发挥学生团队的作用，着力培养校级和班级小干部，以至形成校级、年级、班级对小干部（值周生）的三级管理机制。

第三，富有童趣的少年队活动。开展“大手拉小手”，治理“小馋虫”“小蛀虫”，鼓励争当“小蜜蜂”“小恐龙”“小跳蚤”等少先队活动，在活动中让学生受到教育，并自觉地养成良好的行为习惯。

### （三）以校为本的课改实践是创建特色学校的关键

课程改革坚持以课堂为主阵地，将课程改革植根于学校的教育教学当中。课程是文化的重要载体。学校将课程文化的重点放在学科渗透和校本课程的开发上。在学科渗透方面，带领教师进行学科渗透德育、渗透科技的研究，编写了《学科科技教育指导意见》。在校本课程建设方面，学校开发了文化类、科技类、拓展类等十余门课程。

### （四）素质过硬的师资队伍是铸就辉煌成绩的根本

第一，人才建设，学校采取骨干培优与专长选拔并进的工作策略。

第二，坚持把潜心培育科技团队及领头人才放在首位。

第三，调整引入人才，选派交流培训。

第四，整合资源，为教师的专业发展而服务。校内的重点是教育资源库的建设。校外的重点是相关协作单位的资源利用。例如，协作单位有北京未来之星培训中心、西城科技馆、国土资源部和北京“地球村”、北京龙门少儿科普剧团、北京科普图书有限公司、北京科技展望杂志社和北京丰模世界等。

### （五）严谨务实的管理举措是实施高效办学的核心

第一，东四九条小学管理突出“规范人本、协调服务、精致细节”。

第二，环境建设秉承“植根传统文化，追逐现代特色”的理念。

第三，制度健全。制度建设涉及方方面面。学校严格按照规章抓好落实，确保制度的权威，确保学校管理制度扎实有效地贯彻落实，以做到政令畅通。

### （六）以人为本的评价机制是促进学校发展的保障

在各类评价改革上，都明显地体现了乐校长“启智大于立制”的人本管理理念。如教师绩效考核制度，“基础绩效工资”部分约占教职员工绩效工资的70%，包括课时费（系数）、岗位津贴（系数）、综合补贴（工龄系数、职称系数、伙食补贴、带班补贴）。“奖励绩效工资”部分约占教职员工绩效工资的30%，包括班主任津贴（系数）、考勤及超工作量津贴、管理责任奖励津贴、工作成果奖励及校内骨干教师津贴。真正体现了一分辛劳一分收获。

### （七）大力打造名师激励机制

东四九条小学给人的感觉是骨干教师、学科带头人、名教师相当多。有这样一个现象：东四九条小学的老教师都要退休了，还要去争取评骨干教师、学科带头人。这是为什么呢？因为学校有骨干教师奖励措施：在学校全体会上宣布并颁发认定证书，根据上级政策和学校相关政策给予一次性奖励，并在教师岗位津贴中每月兑现市、区、校级骨干教师待遇（市级三年，区、校级两年）。在骨干任期内，优先享受荣誉称号、奖励晋级、考察学习等特殊待遇。在骨干任期内，学校提供200元额度的图书资料经费鼓励教师学习，并优先为从事教研、科研的骨干教师提供专项经费。就这样简单的一项激励机制所产生的影响有多大，我们可想而知。

总之，此次挂职锻炼使笔者感慨万千，思绪颇多，既开阔了视野，又启发了思路，学习了许多宝贵的经验，重新激发了笔者的工作热情。

# 跟岗：杭州市卖鱼桥小学教育集团办学模式研究

2015 年 11 月 8—21 日，广州市第五期卓越小学校长培养对象第五跟岗组 6 位学员到江苏省南京市成贤街小学和浙江省杭州市卖鱼桥小学开展为期两周的跟岗学习。理论导师是广东第二师范学院闫德明教授和刘娟博士。实践导师是南京市成贤街小学王学其校长和杭州市卖鱼桥小学王怡芳校长。

很幸运，此次省外跟岗的两所学校都是集团办学的学校。江苏省南京市成贤街小学是南京市主城区、文化之区玄武区的一所“学区一体化”集团办学模式的领衔学校，浙江省杭州市卖鱼桥小学是拱墅区的一所“教育集团”办学模式的学校。两所学校都是集团办学非常成功的典范，都起到了“孵化器”强大的“孵化”功能，在短时间内使学校做强、做大，为群众提供大量的优质学位，真正解决了择校问题，达成了教育均衡的目的。

基于集团办学模式下的集团校长有何特质？规划意义何在？规划编制、实施过程可借鉴之处在哪，有何启示？下面以浙江省杭州市卖鱼桥小学教育集团为例来寻找答案。

## 一、透过学校看规划

卖鱼桥小学始建于 1925 年，从一所教会学校成长为有良好社会声誉和百姓口碑的教育集团。校本部位于拱墅区原区政府旁，生源多为政府机关子弟，曾为杭州师大第四附属小学、区重点小学、区实验小学、全国首家小班化教学实验基地、全国首家合作学习实验基地。如今，卖鱼桥小学教育集团下属三所学校，分别为卖鱼桥小学、文津小学、星澜小学。其中，卖鱼桥小学下面又分三个校区，分别是湖墅校区（校本部，原宝庆桥小学、吉如小学并入）、霞湾校区（原香积寺小学并入）、文澜校区。现有 63 个教学班，2 040名学生，151 名教师。学校认同多元智能理论，教育理念是“光谱教育”。学校遵循“尊重差异、赏识个体、开放教育、多元发展”十六字方针。学校先后获得全国、省、市、区共计 18 项荣誉。

走进杭州市卖鱼桥小学教育集团，参观校本部湖墅校区，笔者一下子被这所百年老校深厚的文化气息所感染，教学楼早已重建、翻新，唯有那棵高大的银杏树仍然屹立不倒，守护着校园，见证着卖鱼桥小学学子的成长。霞湾校区的 iPad 课堂，文澜校区、星澜小学高端、大气的教学楼，先进、高档的设施设备，无不令我们惊叹于杭州市政府对教育的重视，对教育财力投入之大。学校能由一所私立的教会学校发展成为享誉盛名的教育集团，与政府的重视、卖鱼桥小学优越的地理位置、优质的生源、优秀的教师团队、优良的教育质量分不开。杭州师范大学的技术指导各种荣誉的叠加，为卖鱼桥小学成立教育集团打下了良好的基础。政府名校并弱校、名校办分校，大力投资教育等办学行为，是卖鱼桥小学教育集团发展的重要因素。笔者感触最深的是，教育集团的成立与发展，不仅要靠学校自身的内涵发展，学校有这种长远的规划，更重要的是政府行为。

## 二、透过校长看规划

杭州市卖鱼桥小学教育集团王怡芳校长，是原香积寺小学的一名教师，担任一线教师 20 多年、校级干部 10 多年，被评为杭州市勤政廉洁先进人物。

笔者与王怡芳校长初次见面时，觉得王校长是一位漂亮、文雅的女士；交谈之后，发现王校长讲话干脆利落，处事果断，有胆识，有魄力，对教育有自己独到的想法。开放办学，电脑任意让我们操作，学校的资料悉数提供，处处透露着她的大气、精明、能干。从后勤主任口中得悉，王校长是一位很廉洁的校长。学校每次规模扩大，不管是基建项目，还是设备维修护理，不管金额大小，都要进行招投标，并由集团理事会协商，总务处具体负责，从项目立项、开工建设到竣工验收进行全程监督。王校长从来不会一个人说了算，这无形中杜绝了“开后门、拉关系”的现象。从与王校长的交流中，笔者也得知她是一位原则性很强的校长。招聘教师，她设定报名资格红线：必须是校级以上优秀毕业生或者市级以上综合荣誉获得者才有报名资格，还要展示公开课，学校成立由各学科教学骨干组成的学术专家委员会，由学术专家委员会的教师担任评委进行打分，经集团理事会讨论，最后才能确定招聘哪位教师。程序烦琐，参与者众多，应聘教师不能靠关系，只能凭自己的真本事才能应聘成功。从王校长的身上，笔者看到了一个优秀集团校长的特质：大气、廉洁、勤政、有原则、有智慧、精明、能干、有胆识、有魄力。

## 三、透过办学思路看规划

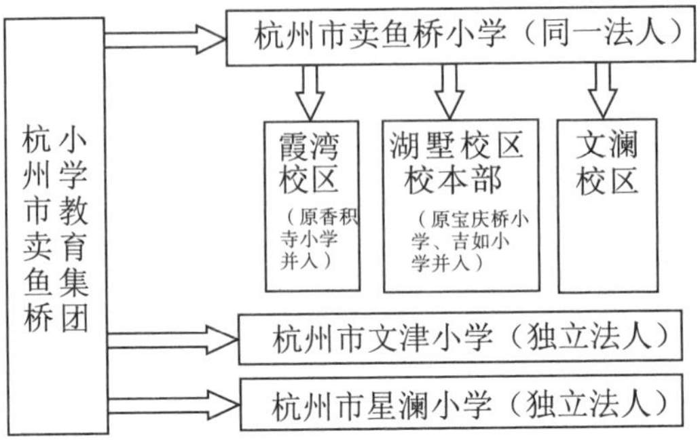


图5　杭州市卖鱼桥小学教育集团结构示意图

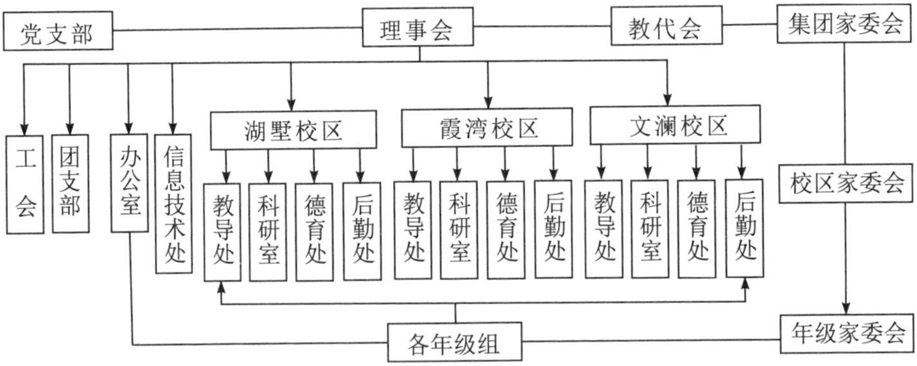


图6　杭州市卖鱼桥小学教育集团管理框架示意图

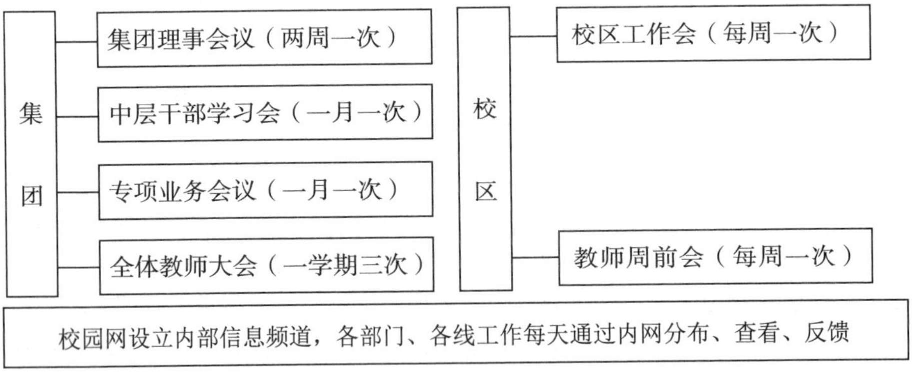


图7　教育集团会议制度及信息交流办法

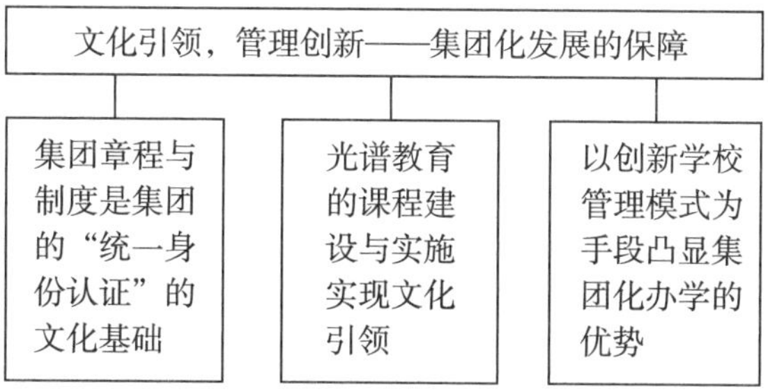


**图 8 教育集团集团化发展理念**

从《卖鱼桥小学教育集团 2013 办学思路》（以下简称《规划》）来看，有紧密型的三校区二建制的教育集团结构，集团理事会的议事制。教育集团非常重视集团会议和信息交流，用“文化引领、管理创新”理念来保障集团化的发展（如图 5 至图 8 所示）。王校长说：“集团化办学，用人性化管理是行不通的，一定要用制度来管理。”她的管理理念也体现在教育集团的办学思路里。

在教育集团办学思路里，可以看出基于集团办学下的规划有以下几个方面需要注意。

第一，明晰管理架构和职责，建立健全监督机制。

第二，强调了集团章程与制度的重要性，将集团章程与制度作为集团的“统一身份认证”和文化基础，强调制度管理。

第三，加强校本课程建设，以课程建设与实施实现文化引领。

第四，创新学校管理模式，例如，教育集团视导制，凸显集团化办学的优势。

第五，利用现代媒体实施教学管理，实现校区的均衡发展。例如，各校区的信息及时传送至集团网站。

## 四、透过编制及执行过程看规划

### （一）《规划》编制过程（2013）

（1）经理事会研究决定，召开教育集团新一年工作思路研讨会。研讨会确立主题。

（2）会前，分管校长召集部门成员讨论新学期工作思路。

（3）头脑风暴。与会人员对照自己的工作以及看到的学校在文化建设、学科质量提高方面的问题，准备 5 ~ 10 分钟的发言。

（4）各部门汇报并谈新学期工作思路、总结。

### （二）《规划》执行过程（2013）

规划是由下至上、由分再合形成的。先由各校区或分校讨论，征集工作思路；再在集团理事会上由各分校提出本校区面临的问题及今后的工作思路，集团理事会进行研讨，集思广益；最后形成集团新一年的工作思路。这种编制过程接地气，并且能真正发现学校前阶段工作中存在的问题，新一年的工作思路才有针对性、有效性。理事会在研讨时确立主题，为新一年工作统一了方向。同时，理事会也尊重各分校的实际情况，在统一文化认同的基础上，又让各分校走自己的特色发展之路。

为了落实规划，实施集团“内部视导制”，集团理事会组织对各校区日常管理工作的视察、督促、指导，对各校区在课程实施、德育管理、教学管理、学生管理、设备使用方面进行考核、评定，肯定成绩，推广好的经验，指出缺点，提出改进意见。

透过《规划》执行过程来看，卖鱼桥小学教育集团实施内部视导是受教育视导制度的启发，将教育视导的概念移植到集团化学校的内部管理中，内部视导是基于集团化办学后，因管理标准不一而造成的管理效益低下的问题而实施的校本化的管理举措，是学校领导与部门管理者，包括教师共同研究、共同改进学校工作的过程。

集团化办学对促进教育均衡有现实意义，在实施过程中也会出现一些问题，实施内部视导制至少要解决以下几个主要问题。

（1）集团化学校的扁平化管理，不再是纯粹的操作层面，中层干部不仅要有较强的能力，更需要增强对学校文化的认同。如果缺少了对学校文化的认同，对制度的理解和执行就会多了一些刚性，少了一些文化的体现。

（2）学校管理需要制度，当制度不能完备时，需要随时协调以弥补制度的缺陷和不足。集团化办学，学校管理层的人员分布在不同校区，他们在被赋予了更多行政管理职责的同时，也增加了协调的难度。因此，制度完备与否是决定能否有效提高办学效益的关键。

（3）学校管理是一个不断发现问题、不断解决问题的过程，及时发现问题是管理有效的保证。集团化办学在管理中最大的弊病在于管理问题的暴露是延后的，这是由于管理半径和层级造成的。

建立集团内部的视导制度，突破集团化办学发展的瓶颈问题，促使集团各校区的均衡发展，也不失为一种有效地推进集团化办学学校自主发展的方法。

## 五、启示

集团化办学是学校发展的更高层次，学校规划更要有前瞻性、科学性、可操作性。从卖鱼桥小学教育集团的规划发展思路来看，可得到以下启示。

### （一）规划集团化办学学校必须自身强大

一所学校要发展到集团办学，学校规划目标定位要高要远，要严要实，走内涵发展之路，有先进的教育管理理念，有完善的章程和制度，有师生认同的文化标识，有特色校本课程，有适应学生发展的课堂教学，逐步积淀深厚学校文化底蕴，形成口碑良好的品牌学校，成为标杆学校。只有自身强大，才能起到“孵化器”的作用。

### （二）集团化办学规划的实施必须是政府行为

集团化办学更大程度上是政府行为。不管是南京市成贤街小学也好，还是杭州市卖鱼桥小学，都经历了名校并弱校、名校办分校、学区一体化等路径，才发展成为今天强大的教育集团。

### （三）集团化办学规划的执行必须有政府的政策支持

政府公用经费、教师绩效奖、教师培训费、基建费、后勤服务费、校长奖励基金、学生餐费补贴等各项经费的大量投入，按学生 100 人配备一名厨工，学校开设的校本课程、社团活动均另计工作量，发放补贴，政府的大力支持为集团化办学提供了坚强的保障。基建、设施设备、饭堂、清洁、园林等后勤服务统一由区政府采购或招投标，一名后勤副校长跟进，校长基本不用花太多精力，校长的精力主要放在集团学校内部管理和教育教学上。

加上江浙两省都出台了《××省基础教育课程改革实施意见》以及《××省综合实践活动课程纲要》，又为学校进行课程再造、课堂教学改革提供了纲领性文件，课改由自发行为变成政府意志，学校校本课程的开发以及课堂教学的改革才真正得以落地生效。

最重要的是，政府把人事权下放到教育集团。教师统一由教育集团调配，集团内教师每年的调动频繁，而且实行末位淘汰制。在庞大的教育集团，唯有创新管理，才能打破以往教师人事制度一潭死水的状况，激发出教师队伍鲜活的动力。

### （四）集团化办学规划的落实必须要有统一的制度管理

除了严格执行《教育集团会议制度和信息交流办法》和《集团内部视

导制》外，还要制定《教职工考核制度》。教师在月工作量都达标的情况下，实行校长基金奖励（教师绩效奖，而不是绩效工资），主要用于教师超课时奖金、考勤、职务、值周、托管、早午餐、社团、期末成绩、科研、各项获奖等的考核。有了校长奖励基金，再加上月考核、半年考核、年考核，对教师在校各项工作进行考核，才能真正调动教师的工作积极性。学生管理方面也是如此。

另外还有一个重要的制度就是积分制。集团对教职员工的每一项考核，都进行打分。比如，课时量计分，语文为1.6，数学为1.5，英语和科学为1.3，其他学科为1，社团长课为2，短课为0.8。所有考核所得的总分，作为评先评优、绩效奖励、晋职晋级、末位淘汰的唯一依据。

制度面前，人人平等。这样一来，“做一天和尚撞一天钟”的教员没有了；那种只唱高调不干实事、耍奸耍猾的人没有了；那种溜须拍马、上蹿下跳、满嘴谎言的人没有了；那种自己不思进取还冷言嘲讽他人、给单位带来负能量的人没有了；那种整天在办公室说闲话、评头论足的人没有了。教职员工个个都很努力地工作，因为他们知道：今天工作不努力，明天努力找工作。

### （五）集团化办学规划要有统一的办学理念

集团内学校必须要有统一身份认证、文化标识。比如，卖鱼桥小学的“光谱教育”，成贤街小学的“成人、成才、成贤”。

### （六）集团化办学在规划时就要设置严密的组织架构

卖鱼桥小学教育集团下设党支部、理事会、教代会和集团家委会。四个部门职责分明，相互促进、相互监督。集团内的事情不是由某一个人说了算，而是经集团董事会讨论决定，真正实行了扁平化管理，各司其职，各履其责。

教育集团很重视党支部工作的建设。集团内每个学校或校区都设有书记，校长不兼任书记，由党支部领导工会和团支部工作，履行党组织、工会和团支部的职责。教育集团只设一名正校长，集团内所有学校均由这位正校长做法人代表。各学校只设一名副校长，校区只设一名主任。集团理事会由正校长、各校副校长、集团办公室主任、信息技术处主任组成，履行学校德育、教学、后勤管理及视导等职责。教代会、集团家委会参与教育集团重大事项的决策。各部门职责分明，监督机制健全，一切都是开放的，校长不插手干预党支部、工会、团支部、教代会、家委会的工作，并且支持这些部门的工作，既避免了班子内部矛盾，又能很好地实行一体化管理。

# 第五部分

## 感悟：专业成长的必由路径

理念是置于人内心的一种属于世界观层次的精神主张和价值追求，它必然根植于自我的人生体验。经历及其所处的环境，影响和铸就着一个人的内心主张和价值追求。这种主张和追求与理想有联系，也有区别。理念犹如航行中大船的罗盘，而理想犹如航行中所达到的彼岸。这种内心主张和追求一旦形成，将强烈地支配和指导着一个人的行动，这在教育上表现得尤为明显。

经历每个人都有，但在经历的土壤中并不是都能生长出理念。这种差异更多的是源于态度，对待经历的态度，对待教育的态度，对待人生的态度。所以，反思自我的成长，经历固然重要，但更重要的是我们如何智慧地不间断地从经历中去积淀、吸收成长的养分。专业成长的获取，绝非一朝一夕之功，而是在诸多的日常生活与工作经历之中不断地实践、反思、提炼、修正，在再实践、再反思、再提炼、再修正的循环往复中渐渐清晰起来。

作为一名师者，必须不停地去用心感悟所经历的一切。唯有感悟，方能成长。

# 党建为先：建设基层服务型党组织

党的十九大报告提出："坚持党对一切工作的领导。"新时代党的建设总要求是坚持和加强党的全面领导，坚持党要管党、全面从严治党，以加强党的长期执政能力建设、先进性和纯洁性建设为主线，以党的政治建设为统领，以坚定理想信念宗旨为根基，以调动全党积极性、主动性、创造性为着力点，全面推进党的政治建设、思想建设、组织建设、作风建设、纪律建设，把制度建设贯穿其中，深入推进反腐败斗争，不断提高党的建设质量。习近平总书记一系列重要讲话，也紧紧围绕保持党的先进性和纯洁性，以"为民务实清廉"为主要内容。改革开放以来，党所处的历史地位的变化，市场经济条件下社会结构的深刻变动，加快经济转型升级的紧迫任务，密切党同人民群众血肉联系的现实需要。这一系列的变化和现实需求，相应带来党的理论水平、执政方式、工作作风、实干能力的变化，客观上要求我们必须进一步改进党在基层的执政方式，不断提高党的建设科学化水平，改进工作作风，廉洁自律，加强组织凝聚力和战斗力。建设服务型基层党组织，就是基于这一认识，舍弃传统意义上的那种统制的、管制的组织方式、领导方式和工作体系，自觉地将基层党组织的功能转到服务上来，以服务为基础，以服务为载体，寓领导和管理于服务中，通过提升服务能力来提高党在基层的执政能力，完成党的执政使命。

小学基层党组织的主要任务是推动学校发展，服务教学，凝聚人心，促进和谐。如何以服务教学，做好教育教学工作为主要任务，加强基层服务型党组织建设，这对高举中国特色社会主义伟大旗帜，坚持以马克思列宁主义、毛泽东思想、邓小平理论和"三个代表"重要思想为指导，深入贯彻落实科学发展观，以党的十九大会议精神为学习重点，规范办学行为，继续深化素质教育，不断提升学校教育品质具有重要意义。面对新形势、新任务、新使命，笔者所在学校党支部以服务为导向，积极创新基层党建工作的思路、方法和机制，对服务型基层党组织建设进行了深入探索。

## 一、建设服务型党组织，将开展党的群众路线教育实践活动与基层党组织理论学习结合起来，提高党员干部的凝聚力和战斗力

深入开展党的群众路线教育实践活动，首先要在深入学习上下功夫。学校党支部切实加强领导，统筹安排，以深入学习为基础，以解放思想为先导，以解决问题为关键，认真组织政治理论学习活动。党的群众路线教育实践活动要紧紧围绕学校中心工作，服务工作大局，把主要任务聚焦到教育引导党员干部树立群众观点，弘扬优良作风，解决突出问题，保持清廉本色上来。重点把握好五个方面：一是把握好“为民、务实、清廉”这一主要内容；二是把握好“照镜子、正衣冠、洗洗澡、治治病”这一总体要求；三是把握好“正面教育为主、开展批评和自我批评、讲求实效、分类指导、领导带头”这一基本原则；四是把握好反对“四风”这一主要任务；五是把握好活动的方法和时间步骤。党的教育实践活动全过程必须力戒形式主义，做到“不虚、不空、不偏”，确保教育实践活动沿着正确轨道健康深入推进，深化党员干部对群众观点和群众路线的理解和贯彻，使中国特色社会主义的共同理想更加坚定，使党的宗旨意识更加牢固，共同谱写“中国教育梦”的新篇章。

坚持把“为民务实清廉”作为理论武装的主线，认真学习贯彻上级有关会议精神，引导广大党员掌握好开展教育实践活动的基本要求，把握好教育实践活动重点宣传的内容。对习近平总书记的一系列重要讲话精神，进行全面的宣传。第一阶段，召开动员会并进行民主测评，举办一次以“群众路线和群众观点”为主题的专题讲座，要求每名在职党员做好学习笔记，撰写一份心得体会，深入基层征求意见，组织一次“为了谁、依靠谁、我是谁”的大讨论，组织一次班子成员谈心活动，出一期学习心得墙报，组织党员结合教学实际，写一篇帮扶困难学生的案例。第二阶段，重点围绕为民务实清廉要求，三查三看。通报测评情况和谈话提醒，撰写对照检查材料，结合我校的家长开放日暨科技艺术节活动，密切联系家长，做好家校沟通工作。召开一次“从群众中来，到群众中去”的专题民主生活会，并做好民主生活会情况通报工作。第三阶段，制定作风建设整改方案，正风肃纪，对突出问题进

行集中整治。加强服务师生能力建设，加强制度建设。

通过各种学习活动，在教师党员队伍中牢固树立“为民务实清廉”的理念，不断增强党员们的政治敏锐性，提高政治理论水平和服务意识，建设学习型党组织，切实加强服务型党组织建设，提高学校领导班子和党员干部的凝聚力和战斗力。

## 二、建设基层服务型党组织，将开展党的群众路线教育实践活动与基层党组织廉洁从教结合起来，推动党风廉政建设

这次教育实践活动，除了要深入学习，还要全面准确、深入系统地对教育实践活动的精神进行宣传，使之更好地为广大干部群众所掌握。对于基层党组织来说，宣传教育实践活动的精神还要善于将其与基层党组织服务能力建设结合起来，力求在改进工作作风、加强党风廉政建设和创建服务型党组织方面有所突破。

为了切实加强领导干部党风党纪和廉洁自律教育，建立拒腐防变的长效机制。基层党组织要坚持定期召开民主生活会，充分发挥好制度的管理、约束和促进作用，切实做到令行禁止、违者必究。利用校园网、微博以及会议、宣传栏、公告栏等宣传渠道，结合参观廉洁教育基地等，加强法律法规和职业道德等方面的教育，促进教职员工对相关法律法规和政策的理解和掌握，推动依法治教、依法治校的深入开展。教育引导广大党员干部常修为政之德、常思贪欲之害、常排非分之念、常怀律己之心，切实做到清廉自守、防微杜渐，守护教育净土，营造风清气正的校园环境。

## 三、建设基层服务型党组织，将开展党的群众路线教育实践活动与基层党组织制度管理结合起来，完善党建工作长效机制

为深入贯彻落实党的十九大精神，开展党的群众路线教育实践活动，建立健全党建工作长效机制，切实加强党的服务型基层组织建设，充分发挥党支部战斗堡垒作用和共产党员先锋模范作用。党支部按照“务实管用”的原则建立相关制度。

### （一）完善党员学习制度

党支部结合学校实际，抓好党员的教育管理不放松，严格按照“三会一课”（定期召开支部党员大会、支部委员会、党小组会，按时上好党课）制度的要求，落实党课学习要求，丰富党课学习形式，提高党课学习质量。结

合学习党的十九大精神，科学安排组织生活和支部活动，从而不断提高广大党员的党性意识。

### （二）完善党务公开制度

加大落实党建工作目标责任制、党内通报制度、党内重大决策征求意见制度，拓宽党员民主监督渠道，引导党员正确行使权利，认真履行义务；加大落实发展党员公示制，不断增强党组织工作的透明度，进一步规范发展党员的程序和要求，严把党员入口关。坚持将严把党员入口关和积极培养青年骨干教师、入党积极分子结合起来，以“坚持标准，保证质量，改善结构，慎重发展”为原则，切实做好党员发展工作。

### （三）完善党内激励关怀制度

建立特困党员和边缘困难党员动态信息，对生活困难党员、行动不便的老弱病党员及时送教、送温暖。认真组织“七一”和春节期间老党员、特困党员的慰问活动，了解他们的困难，征求他们的意见和建议，真心实意为广大党员和群众办实事、办好事。健全教育、管理和激励党员的长效机制。

### （四）完善党员承诺制度

围绕学校工作实际和突出问题，向全体教职员工做承诺，请全体教职员工监督，让全体教职员工评判，自觉履职践诺。

## 四、建设基层服务型党组织，将开展党的群众路线教育实践活动与基层党组织发扬实干精神结合起来，增强“空谈误教、实干兴校”的意识和能力

深入开展党的群众路线教育实践活动，说到底，最终要落实到行动上，体现在推进党的建设的各项具体工作中。全面建成小康社会，实现中华民族伟大复兴，必须推动社会主义文化大发展大繁荣，兴起社会主义文化建设新高潮，提高国家文化软实力，发挥文化引领风尚、教育人民、服务社会、推动发展的作用。要扎实推进社会主义文化强国建设。2012 年 11 月 29 日，习近平总书记与其他政治局常委集体参观《复兴之路》展览时发表重要讲话，深情阐述中国梦，其中特别提到“空谈误国，实干兴邦”。运用到学校中就是“空谈误教，实干兴校”。对于小学基层党组织来说，贯彻党的十九大精神，必须紧密联系教育教学工作实际，着力提高基层党组织执政能力和党员

教师的教学水平，尤其是要重点提高领导教育科学发展能力和办学治校能力。为此，必须将贯彻党的十九大精神、开展党的群众路线教育实践活动与基层党组织执政能力建设、党员教师的教学服务能力提高结合起来，力求在加强建设服务型、创新型党组织方面有所突破。

宋代朱熹说：“为学之实，固在践履。苟徒知而不行，诚与不学无异。”意思是学习的目的在于实践，如果只明道理而不去做，则学与不学就没有区别了。“空谈误国，实干兴邦”。支部每位党员都以自己的言行影响着身边的每一个人。党员只有在学习贯彻党的十九大精神过程中走前头、带好头，党的十九大精神才能尽快地在学校落地生根并开花结果。因此，学校每一位党员都要按照“首先在学、关键在做”的要求，以对党和学生高度负责的态度，在教育实践活动中走前头、做表率，把个人的理想追求和人生价值体现在为党和人民事业不懈奋斗之中，矢志不移。要坚持以生为本、执教为生，带头改进工作作风、带头开展教学研究，带头密切联系家长，带头解决实际问题，在落实上下功夫。在党的坚强领导下，为全面推进素质教育，始终走前头、做表率，求真务实、奋发有为。

综上所述，深入开展党的群众路线教育实践活动，加强基层党组织的理论学习，完善基层党组织党建工作长效机制，推动基层党组织党风廉政建设，提高基层党组织实干能力，不断强化服务功能，提升服务水平，进一步推进基层服务型党组织建设，使群众满意度进一步提升，为推动科学发展、促进社会和谐奠定坚实的组织基础和群众基础。

# 明确追求：教育贵在重长远轻功利

没有使命感的教育是盲目的，没有责任担当的教育是轻薄的。“我们不停地跑，争取领先，但是总有一刻需要停下来想一想：这条路是通向梦想还是深渊?”真正的教育不仅应该具有效率和效益，更重要的是要具有灵魂、具有坚定而明确的价值追求。使命与责任赋予教育以高度和灵魂。教育贵在重长远轻功利。

2012 年 12 月 9—18 日，广州市教育局与台湾高雄市教育局联合组织了第八届穗台校长论坛活动。在广州市教育局江东副局长的带领下，天河区教育局和海珠区教育局共 70 余名校长组团赴台与台湾地区 60 余名校长一起参加论坛活动。教育局团由何毅文副局长任团长，海珠区共 37 人参加此次穗台校长论坛活动。此次穗台校长论坛活动，先后参访了台湾台北市立仁爱小学、台南市全台首学孔庙、高雄市三民区博爱小学、博爱幼儿园、高雄市立志中学等学校，考察活动包括听取学校介绍、参观校容校貌、学术交流等。学校的文化风景、校长的教育智慧、师生的礼仪学养和环保卫生意识、学校充溢着的中华民族文化传统和对大陆教育同仁的真诚友情，都令大家生出一份欣喜和感动。此次活动共设总论坛一个、分论坛两个。总论坛听取了广州市名校校长和台湾地区先进校长讲座。分论坛活动时听取穗台两地校长十余人发言。一个总论坛、两个分论坛的学术交流活动，更是让我们获益匪浅。

## 一、校长智慧领航

一个好的校长必然会造就一所好的学校。在台湾高雄会议中心的校长论坛上，笔者见到的几位与谈的校长，都是教育专家，既有明晰的现代教育思想与智慧，又有澎湃的教育激情与梦想，是他们在领航着学校的发展。

台南市建兴中学高校长，是台湾成功大学高阶经营管理硕士。她将创新经营的理念运用到学校管理中，认为教育的本质在于开发孩子的潜能，经由各阶段的历程，让每个人拥有的能力通过学习逐步发展，成为个人适应社会生活的竞争力。随后几位台湾与谈人也强调创新管理和创意教学。比如，高雄市苓雅区苓洲小学翁庆才校长的《惊艳的教育创新与扩散》、台湾桃园县新荣小学张彩云校长的《生机无穷：在教育实验脉络上的创新经营作为》等。目前全球已进入一个高度开放的社会，任何发展都是瞬息万变，要培养能够因应社会快速变革的社会公民，教育经营的创新是必然的。学校创新经营与创意教学的研究与实施成为台湾地区重要的教育议题，这也正是现在台湾地区全面推崇的教育理念。就是这样一个充满智慧、激情与梦想的校长团队，在领航着台湾地区的学校朝着创新经营与创意教育的方向前行。

台北市仁爱中学的林美娟校长带着我们参观校园。这位年轻美丽的女校长来到操场上，看到正在上体育课的学生们，自然地说起仁爱愿景："仁爱有爱，里仁为美，放眼国际，接轨世界，优质创新。"学生是教育的主体，为学生、为教育，努力营造仁爱人高士气与凝聚力，乐于打造精致教育，是她的治校理念；促进教师提升教学表现力和专业团队研究与合作，是她对教师的期望；奠定厚实基本学力，成就每一个学生学习成就，确保学生最佳福祉，发挥教学最大效能，展现仁爱创新教育之全优质学校是她对学生的承诺。校长室进行改变，而后才有精致的教育，融合里仁社区资源，达成仁爱最美，是她新的改造学校的校长行程。

高雄市博爱小学张瑞宜校长的学校愿景是"有爱无疑：尊重、关怀、欣赏；追求卓越：合作、创新、活力"。张校长的管理理念是"把教育孩子成长的事放在心上，看到孩子未来的学校"。博爱"未来学校"的目标是：无界学习、虚拟与真实学习、发现与经验学习、快乐与有趣学习，建构以学生为中心，教师、行政与家长合作的"金三角"，营造有爱无疑的温馨校园。

高雄市立志中学的校长江澈清晰的思维、理性的分析、敏锐的洞察力，给笔者等人很深的印象。在学校会议室里，江校长有条不紊地介绍了学校的独特性——立志中学是一所平民化的私立学校，接着顺理成章地介绍学校的办学理论，处处为教育设计，时时为学生着想，推动立志教育"111"，一科一特色，一生一专长，一个孩子都不能少。现在立志中学已经成为台湾地区e化创新学校和优质高中，并且具备组织驾照考试的资格。江校长在与笔者等人的交流中充分表现了他的理论功底、学术涵养和思想智慧，使笔者等人认识到一个好校长在理论和学术方面能够达到什么样的水准和高度。他提出“关怀弱势学习扶助，把每一个孩子都带起来”的鹰架学习理论。

## 二、教师创意教学

几所学校的教师给笔者等人以这样的印象：教师群体表现出较高的整体素养、鲜明的教师职业特征、很强的职业责任感和幸福感；具有较大的教育教学自主权，教育教学工作具有很强的创新性；是一个具有很强执行力、学习力、创造力的学习型团队，不断实现着教师的专业发展和成长。

教师职业的特征之一是它需要教师高度的自主性和创造性，而这样的自主性和创造性是需要学校制度、外部环境和服务平台作为支撑的。高雄市博爱小学专门设立了魔数故事屋，成立了魔数故事屋研习中心，负责数学创意教学的开发研究，这个研究团队就是由本校的数学任课教师组成。校长提出：数学创意教学，就是为了做到让孩子对数学微笑。研究团队研发了“游戏式数学课程”“e 化数学课程”“数学主题式学习”“让数学与绘本共舞”四大模块，让魔数小子 e 起来，融入生活的学习道路，成就了博爱的数学特色。博爱数学创意教学交流与推广遍及台湾地区各地，并将研发的成果送入云端，让全台湾的孩子学习，博爱小学正信心百倍地步入世界。教师们的专业能力也在创意教学中成长。在交流研讨时，当笔者等人询问研习中心的工作职能时，他思索片刻说，相当于校长的智囊团，首要工作是把校长所提出的学校愿景和教育理念具体化、操作化和环境化，其次是组织教师研发学校本位课程和开发社区教育资源。由此，我们可以窥见教师的专业素养和创造水平。较高水平的专业发展，使教师拥有着内在的气质、充沛的智力、创造的才华，也使多数教师的脸上挂着沉静的微笑。

台湾地区的中小学非常强调团队精神。在笔者等人所参访的几所学校，校长的介绍总是把学校的成就归因于自己有好的中层、好的主任和好的教师；而主任的介绍总是把本部门的成绩归因于有好的组长、好的教师，当然还有好的校长；而教师都说自己有一个好学校和好的团队。学校基本上是一种扁平式的组织架构和管理方式。一所学校一般只有一位校长，不设副校长，设有教务处、学务处、辅导处和总务处四个职能部门，每个部门只有一位主任，每个处室下设若干小组，每个小组只有一位组长。校长聘任主任，主任聘任组长，组长聘任教师，不同部门的主任每两年要轮岗一次。台北市仁爱中学的一位学务主任说：你不会给另一部门制造麻烦，因为下次你就到他的岗位上去了。

## 三、学生敦品励学

在笔者等人所参访的几所中小学，学生和学生的发展是学校和教师关注的中心。学生在校园里生活、成长、成功，让笔者等人深刻感受到好的校园生活对学生发展的意义和价值，深刻意识到好的学生才能成就好的校园，创造欢乐、丰富而又有品位的校园生活。

培养什么样的学生即培养目标，在不同的学校中通过学校愿景、学校理念、校训等有充分的描述。高雄市立志中学校长叙述学校的四大学习策略和八大核心能力："学会如何学习、学会如何生存、学会如何与人相处、学会如何自我实现"和"升学、证照、英检、电脑、人际、社团、艺文、辅导（志工）"，培养学生具有自立、创新的能力，最后归结到学校的愿景是"立志飞扬，品质卓越"。

台北市仁爱中学的校园文化定义为"仁爱文化"。仁爱以"爱"的核心教育，培养多元的领导人才，坚持塑造优美的仁爱特质与卓越的教育成就，以学风以里仁为美出发，以博爱兼善为支点，未来将拥抱全世界，发扬仁爱教育文化。

在培养目标的引领下，笔者等人感受着学生在校园里的健康成长，而印象尤其深刻的是"敦品""励学"和"质优"三个关键词。

台湾地区的中小学很注重学生文明礼仪和道德品质的教育，并很好地内化在学生的行为习惯之中。在高雄市博爱小学，每个教室前都有一张纸类似于"小学生守则"的"生活公约"或"我们的约定"；学生很文明也很开朗，只要你邀请，他们都愿意与你合影；下楼梯时学生习惯性地靠右侧行进，把左侧让给上楼梯的人。在高雄市立志中学，在每层楼梯口或转角处都有迎接的学生，学生见到来访的客人时都会集体转身鞠躬说："午安！请进！"

台湾地区学校很重视学生意志、耐力、拼搏意识和团队精神的培养，因此高度重视体育课程，学生参与体育课程的要求很高、专业性很强、训练强度很大，这些都成为学生健康成长的重要保障。学校的体育设施建设都很到位，如体育馆、操场、跑道、健身林或健身区，这些设施一般都全方位开放并与社区"共享"。所访学校中，笔者印象最深的是游泳课程，如台北市仁爱中学的游泳为学生必修课程，室内泳池全天开放，专职教练上课，分等级训练。台湾的中学生尽管拥有很大的自主空间，但竞争与压力也是巨大的。因此，学校鼓励学生去经历意志磨炼的"撞墙体验"和焕发信心的"归零起点"。

台湾地区多年来一直提倡优质教育的理念，高雄市博爱小学的教师给笔者等人介绍说，学校每个年级都开设了资优班，资优班的学生是通过考试进入的，平时在普通班上课，每周有四节课是在资优班上专业课，早上和晚上还有一段时间上专业课。另外，台湾地区对特殊教育有较明确的政策及持较积极的态度，特殊教育进入了主流（普通）中小学，每个年级还设了特教资源班，提供足够的资源教师。特教资源班的学生是按教育事务主管部门规定的标准测试出来的学生，平时也是在普通班上课，每周有四节是在特教资源室专门为特教生上辅导课，他们把几种特殊情况的学生组合在一个小班中进行有针对性的辅导教育。

## 四、学校彰显文化

台湾地区的学校文化建设，给笔者等人留下了深刻印象，即学校处处有文化。概括起来主要有以下五个方面的突出表现。

一是精神文化。台湾地区学校都有自己独特的教育哲学和教育理念，不同的学校有不同的理念、不同的愿景、不同的追求，它们常常是国际性与本土性、普适性与个性化的结合与统一。台北市仁爱中学的“恒毅正诚”，高雄市立志中学的“立志飞扬”，高雄市博爱小学的“追求卓越”。

二是物质文化。学校都善于精心设计，鲜明地体现在学校的硬件建设、环境设计等方面，使人感觉文化弥漫于整个校园之中，无处不在。高雄市博爱小学，走廊上设有聊吧，阳台种满花草，鲜花盛开，香气四溢。博爱小学的学生化妆间（卫生间）设计美观大方、明亮干净、温馨舒适。

三是制度文化。学校追求精致化的管理和精致化的教育，学校的每一个地方和角落都给人清洁、整洁、规范、秩序、文明、美丽的感受，做事讲究、精心、到位，注重细节，刻意而为，品位很高。

四是育人文化。学校的文化建设非常重视中国传统文化和传统礼仪，非常关注自然环境与学校环境的融洽和友好，注重对自然万物的尊敬、热爱和保护。凸显“人与自己、人与社会、人与自然”的精神内涵，倡导全面育人。

五是特色文化。台湾地区学校的“一校一特色”尤为明显。比如台南虎山小学的“环境教育”，台北市仁爱中学的“资讯科技”，台南建兴中学的“创意经营”，高雄博爱小学的“数学创意教学”，高雄市立志中学的“驾照考试”，等等。

为什么台湾地区的学校会给我们特别强烈的文化感受呢？因为它的校园

能够鲜明地体现出教育的人文理想和追求，因为它的表现能够呈现出学校的历史、传统和特色，因为它的表现追求品位、追求精致、追求细节。

## 五、家长参与管理

近年来，鼓励和吸收家长参与学校管理成为台湾地区中小学管理改革的重要趋势。家长通过“学生家长会”参与学校课程发展委员会、校务会议、教师评审委员会及校长遴选委员会的工作，逐渐提高了其参与学校管理的权力。

家长会是家长参与学校管理的组织，他们作为全校学生的家长代表积极参政、议政，主动监督、保障。不仅重大活动学校要邀请家长会派员参加，工作计划要得到家长会一致认同，学校的经费使用也要受到家长会的监督。此外，家长会还会拿出人力、物力、财力，支持学校发展。家长会根据需要，经常组织家长做学校“志工”，如维护学校门口交通，照顾学生中午就餐，帮助学校整理图书，等等。家长会向学校提供的资金，往往要求专款专用。大到修建实验楼、图书馆、校园网、运动场，小到购置仪器设备、图书资料，家长会每年都会视自身实力，帮助学校“锦上添花”，目的是使自己参与管理的学校更有办学优势。家长会的会长、副会长在这些方面总是发挥带头作用，特别是为支持学校对外交流合作，对于学校的接待来访和派员出访，经常给予资金支持。所以，家长会的会长和副会长，既要是社会名流，又要有经济实力。他们为自己能成为家长会的领袖而自豪。有的会长和副会长即使孩子从学校毕业，也还要求继续留任。

有的社区专门设置专责单位，规划、推展地方的家庭教育工作，举办专题讲座、亲子活动、咨询辅导等活动，为父母提供有关家庭问题的咨询、教育与解答，并在促进与建立社会和谐过程中扮演积极的角色。

## 六、社区相得益彰

考察中，台湾地区学校与社区的亲密程度、对社区的开放度都给笔者等人留下了深刻印象。就台湾当局而言，台湾地区教育理念中所涵定的对象是大众的、内容是生活的、场所是广阔的、方式是多元的、活动是多样的、参与是免费的、服务是志愿的（即“义工”或“志工”），倡导“学校社区化、社区学校化”。就学校层面而言，台湾地区学校的设施都积极向社区和居民开放。有的学校甚至还开放地下停车场，缓解社区停车困难等。就社区层面而言，城区建设统一施行“环境影响评估机制”，户外休闲运动场所、各种文化场所，均设计了适合青少年需求和活动的教育内容与场景设施，科技含量和人文知识水平相当高。一系列的教育理念在学校、家庭、社会完善的德育网络中，有效地得到贯彻实施。

《礼记·学记十八》云：“虽有嘉肴，弗食，不知其旨也；虽有至道，弗学，不知其善也。是故学然后知不足，教然后知困。知不足，然后能自反也；知困，然后能自强也。”对于当下的教育和学校来说，有必要思考：

除了每年争取考试成绩好一点，在各项比赛中成绩多一点，科研项目炫一点以外，我们是否还应该有教育理想和教育文化的追求？

课堂教学如何做到有效？如何做到让孩子们会学、想学、乐学，快乐幸福地度过学习时光？

忠孝、礼仪、仁爱等中华民族优秀品质如何代代传承？“民族传统文化”的河流是否能源远流长地淌到脚下？……

我们期待着教育和学校的实质性变化，远离教育的浮躁和功利，实践“以人为本”与“社会需求”二者兼具的教育理想，感受着教育教学研究工作的方向、责任和使命。

# 和谐学校：以人为本，与教育和解

作为为和谐社会培养人才的学校，校园和谐是教育和谐的前提，也是社会和谐的保证。作为校园文化特色的和谐文化的构造，是一个综合性、多层次的文化构建过程，涉及学校管理理念、管理制度、教育教学风格、人际氛围等各个方面。作为繁华都市中的城中村小学管理，其和谐不仅具有自己的内部特色，也有独特的外在环境。

## 一、落实以人为本是和谐的基本

校园和谐的评价标准是人。只有以人为本的学校，其校园才能够是和谐的。

学校离不开制度化管理，因此要构建和谐校园首先要建立一套宽严相济、体现人性化理念的制度文化。是不是制度越宽松越好呢？不是，制度要体现原则性与人文性的充分结合，体现对规则的自觉遵守与对人的关怀与尊重。例如：优绩优酬的绩效管理制度，不仅体现一种精细化评价管理的思想，而且体现对人的劳动成果的尊重；而学校对同轨教师直接进行残酷的竞争，在几位教师当中进行考试成绩的末位淘汰，这样的制度不具有人性化的特质。

以人为本还体现在教职员工的干群关系上。一方面，学校领导必须具有较强的示范作用，能够体现德才兼备的素质；另一方面，领导与中层教师干部必须杜绝官僚主义的任何痕迹。学校是知识分子云集之处，是通过教师的创造力与爱心塑造灵魂的地方，只有给予教师充分的尊重，让教师感受到组织的和谐与关爱，才能够激发教师对学生的爱，这个学校的教育才能够是和谐的。

同时，以人为本要体现在教职员工与学生的关系上，体现在教学与教育过程中。教师要改变教学思想，形成平等的、互相关爱的师生关系，体现对学生的关爱。学校的后勤人员虽然没有进入教室上课，但是仍然具有育人功能，在事务性工作过程中对教师与学生要改进服务态度，践行教育者的职责。

## 二、促进人的发展是和谐的本质

学校的和谐不只是要氛围的和谐、人际关系的和谐，更要促进人的发展，这是和谐学校与和谐教育的特点。

为此，学校首先要促进学生的全面持续发展。学校要彻底抛弃为了学校的考试成绩与升学率而教育的做法，坚持德育为先，把培养学生自主人格与自理能力作为核心工作，把各种投入放到促进素质教育上面，完善学校的素质教育设施，让学生不仅能够享受到和谐温馨的氛围，而且能够在这个氛围中快乐学习、快乐成长。

其次，要促进教师的发展。和谐校园的发展与教师队伍的发展是相互促进的。和谐的校园要能够促进教师的发展，要通过开展良好的教师成长平台，通过各种激励措施激发教师学习成长的积极性，通过各种活动带动教师成长。例如：师徒结对活动、教师基本功竞赛活动、读书沙龙活动等，激发教师写反思、参与教科研活动、进行集体研讨活动等，为教师提供良好的外部学习与内部研讨的环境，促进教师的快速成长。通过教师的成长促进和谐校园的发展。

## 三、优质教学质量是和谐的条件

学校之间存在着办学质量的竞争。一所好的学校能够吸收更为优质的社会资源，在办学格局中往往具有优势，这样的学校更容易形成和谐校园的资本。而一所办学质量不好的学校，其面临的办学困难与社会的认同度较差，这样的学校难以和谐发展。因此，提升办学的质量是学校和谐发展的关键。

要结合新课改的要求，不断寻求课堂教学改革与德育工作改革的思路。在教学上，充分激发学生的主体性，培养学生良好的学习习惯，激发学生学习的内驱力，让学生从愿意学向会学转变。让课堂生态发生改变，形成和谐快乐的课堂氛围，让学生在活动中快乐学习，在探究中发展思维。要通过各种课堂改革，提高课堂教学的有效性，提高教学的效益，带动教学质量的提升。

同时，要积极优化德育工作，营造和谐的德育氛围，让学校校园成为为德育说话的窗口，通过标语、橱窗等形成好的内部环境，大力开展各种德育活动，如感恩教育、励志教育等等，让学生在活动中成长发展。

## 四、良好外部环境是和谐的保证

作为一所繁华都市中的乡村，面临着外界先进的教育资源可以利用的同时，也面临着更为复杂的社会环境与参差不齐的家长素质。所以，要对外部环境的趋利避害与优质资源作用的充分发挥加以关注。一方面要注重与街道、社区、村委及家长的联系，形成立体的道德教育网络，让学生通过各种社会活动得到教育体验与熏陶，让学生家长得到教师的家教方法辅导，让社区、家庭等形成社会合力，为和谐校园的建设服务；另一方面，作为城中村小学，作为一种特殊情况可以进一步加强与教育局、教育发展中心的沟通，得到上级部门的支持与帮助，在资金上、办学资源上得到进一步照顾。由此形成内部和外部的一个和谐局面，有力促进学校的发展。

总之，和谐校园作为一种文化理念被提出来，一定要结合当前的社会实际，结合学校的实际情况，综合考虑学校的各种资源，用新的教育理念整合这些资源，才能够走上和谐校园创建的快车道。

# 家校合作：共赢中守望成长

我国当前家庭、学校以及社会在青少年和儿童教育方面的合作教育已达成了一些基本共识。然而，我国家校合作活动还处于探索阶段和初级阶段，特别是新课改后出现了一些不容乐观的现象，急需深入探索新时期家校合作的有效载体与运营机制。

在当前教育大背景下，石溪劬劳小学是一所具有相当典型性的学校，亟须加强家校教育一体化。学校地处城乡接合部，进城务工人员子女和统筹生较多，学生来自五湖四海，所受家庭教育也各不相同，不同层次的学生和家长都给教育教学工作带来较多难题和困惑，有一定挑战性。经过学校多方认证，尊重实际，从现状出发，申报了“家校合作教育的实施策略研究”课题，借助科研平台来解决家庭教育和学校教育密切合作这一主要问题。

## 一、家校合作概念界定

家校合作（school-family partnerships），“百度百科”网站上的解释是指教育者与家长（和社区）共同承担儿童成长的责任，包括当好家长、相互交流、志愿服务、在家学习、参与决策和与社区合作六种实践类型，是现代学校制度的组成部分。

与家校合作相关的词汇，最常见的是“家长参与”、“家长干预”（parent participation/parent involvement/parent involving/parental involvement）、“亲师合作”（parent-teacher collaboration）、“教育介入”（educational intervention）等。

实施策略是指实施的计策、方略、方法等。而家校合作的实施策略，是指家长（社区）与教师、家庭与学校相互配合，共同把孩子教育好、培养好的实施办法。

## 二、家校合作研究现状

在西方，关于“家校合作”的说法比较常见的有“家长参与”“教育介入”“家校合作”“家长—教师合作”等。其中，“家长参与学校教育”是最有代表性的提法。在西方发达国家教育界基本形成一个共识，即能否吸引家长的参与和支持已经成为学校是否成功的关键。美国学者哈德森等的调查研究表明，家长参与到学校教育中，不仅可以促进学生的学习，而且可以对整个学校的教育工作起到积极的推动作用。从已有的研究来看，西方国家现阶段讨论的主要议题，不是学校与家庭要不要合作、家长要不要参与学校教育的问题，而是如何进一步加强这种合作、加强这种参与的问题。

家校合作的内容丰富，形式很多。比如，山东省济南市舜耕小学的“舜友联合会”让每个家长都成为学校教育的同盟者。“舜友会”为学校融资源、解难题；“爸爸俱乐部”唤醒慈父之爱，“巧手妈妈”让“舜康游戏”更精彩，家长当教师，资源齐分享；“护卫队”为校园安全筑起铜墙铁壁；“舜友”先锋执着奉献。广西师范大学宠学群认为，基础教育课程改革全面铺开，对家校合作提出了新的要求，针对当前中小学家校合作模式中存在的问题，吸取传统模式中的合理成分并与现代模式进行整合，通过制度及组织保障、专家协助、教师与家长联手、技术支持形成家校合作新模式，实现传统与现代中小学家校合作模式的整合与创新。华东师范大学王帅运用调查问卷法对随机抽取的上海市 8 个区 10 所小学的学生家长进行调查，根据调查结果，提出如下建议：家长参与学校管理理念有待加强；采取相应举措促进不同背景的家长参与管理工作；家长参与学校管理自身认识以及充分发挥家长委员会的本体功能仍需进一步完善；学校应进一步为家长参与学校管理创造条件。《教育旬刊》记者张永飞参加济南市舜耕小学“舜友联合会”活动后，归纳出家委会要有明确的职责，不仅要做学校教育的同路人，深入到学校教育的各个层面，还要在实际工作中不断探索工作思路，开展富有特色的创造性的工作。北京市建华实验学校谭静在美国马萨诸塞州波士顿市 Driscoll 学校访问期间的所见所闻，对美国家校关系的特别感受是：家长参加学校的重要活动，参与学校的日常生活，家校教育理念深度对接，学校为家校合作提供组织保证。

近年来，我国家校合作教育研究与实践风生水起，利用家访与家长会的形式增大学校与家庭的接触面，利用手机、“校讯通”、网络、微信等信息化手段提升家校联系的速率与及时性。不仅学科学习，青少年思想品德教育也成为家校合力教育中的重点内容。中共中央、国务院《关于加强和改进未成年人思想道德建设的若干意见》中指出：家庭教育在未成年人思想道德建设中具有特殊重要的作用，要把家庭教育与社会教育、学校教育紧密结合起来，各级妇联组织、教育行政部门、中小学校要切实担负起指导和推进家庭教育的责任。随着中国市场经济的深入发展，老百姓工作生活节奏的加快，家庭教育这一块呈现出一种外紧内松的势头，加之外出务工人员的激增，留守儿童和进城务工人员子女的增多，加剧了家庭教育的严峻形势。中国当代家校合作研究亟待进一步深入和更加有的放矢的研究。

## 三、家校合作策略机制

### （一）确定家校合作的目标、内容和方法

1. 家校合作的目标

家校合作对象是一至六年级学生、教师和家长。家校合作的目标是，在城乡接合部、进城务工人员子弟为学生主体的情况下，通过家校合作方略和“劬劳校友会”让每位家长都成为学校教育的同盟者。家校合作的切入点是从问卷调查切入，运用问卷调查法，对全校学生家长进行调查，找出优势和劣势，提出相应的改进建议，铺开课题的研究。

2. 家校合作的内容

（1）城乡接合部、进城务工人员子弟背景下，家校合作的方略问卷调查研究，包括：家长参与学校管埋各层面活动在理念认知上的情况；家长身份、文化程度、职业等背景变量会对家长参与学校管理造成的影响；家长参与学校管理最主要的障碍；根据问卷调查研究结果，提出相应的改进建议。

建立家校合作的新模式：健全家校合作的制度体系；建立专门的领导机构和服务机构；利用技术支持完善沟通平台的建设；教师与家长联手，比如学生成长记录袋、合作式填写素质报告单等；转变家访观念，创新家长会形式。

（2）“劬劳校友会”让每个家长都成为学校教育的同盟者。健全“劬劳校友会”机制，比如，配置专门的办公室、成立机构、明确工作宗旨和会长等岗位职责、建立工作平台。开展多层次活动：第一层次，积极配合老师、学校工作，参加家长会、家长开放日活动，参加家长学校的学习，家长在相

互交流的活动中学习有关的教育理论与方法，从而实现和加强对子女的科学教育。第二层次，争当家长志愿者，为学校融资源、解难题，成立“爸爸俱乐部”“巧手妈妈”“家长教师”“护卫队”“接待员”“解说员”等，协助组织班组、年级、全校性大型活动。第三层次，家长作为学校教育的决策参与者，家长参与学校决策的全过程，包括决策形成、决策执行和决策监督等。

3. 家校合作的方法

（1）文献研究法。借鉴图书资料，广泛从别人的研究成果中汲取经验，以免走弯路。

（2）问卷调查法。根据学校实际情况，精心制作调查问卷，运用问卷调查法对全校学生家长进行调查，了解家长参与学校管理的现状、学生家庭背景的影响、家长参与学校管理的条件和障碍以及家长参与学校管理的认识。

（3）案例分析法。广泛了解调查家庭、学校、社区发生的教育事件，及时发现典型性案例，进行跟踪剖析，把握其中的教育因子。

### （二）家校合作保障条件

（1）家长会、家委会、家长志愿者已经成为学校常规工作，“劬劳校友会”也在筹备当中，为家校教育合作研究提供了丰富的经验支撑。

（2）学校与移动公司合作开通的“校讯通”，已经成为日常工作中教师和家长沟通的主要工具之一。

（3）面向家长的校园开放日活动已经持续了几个学期，产生了较好的反响。

（4）经费有保证，学校已经在家校合作方面进行了一定的投资。

（5）学校成立家校合作工作领导小组，由老、中、青年教师组成。他们是学校的教学骨干，均有丰富的家校合作经验和成果。

以进城务工人员子女居多的城乡接合部小学，家庭教育最为薄弱，目前的有效研究也比较少，鲜有行之有效的教育方略。从家校合作角度切入，有望探索出一条行之有效的教育新路。在区域内，校友会的作用还不明显。“劬劳校友会”如何让每位家长都成为学校教育的同盟者，是一个值得探讨的新话题。